广东省教育科学“十三五”规划2020年度研究项目(德育专项)
“特殊教育学校劳动教育课程建设与实践研究——以湛江市特殊教育学校为例”
(项目编号:2020JKDY129)成果

2021年度湛江市中小学德育课题“培智学生家政课程家校协同的实践研究”
(课题批准号:ZJDYKT202156)成果

“2022年度广东省中小学教师校本研修示范学校项目”
(课题编号2022XBYX149,主持人:黄岱)成果

“广东省内涵建设‘特殊学生语言康复与发展’项目”阶段成果

林观兰◎著

劳動創造美好生活

以湛江市特殊教育学校劳动课程创新为例

安徽师范大学出版社
ANHUI NORMAL UNIVERSITY PRESS
·芜湖·

图书在版编目(CIP)数据

劳动创造美好生活：以湛江市特殊教育学校劳动课程创新为例 / 林观兰著. — 芜湖：安徽师范大学出版社，2022.12

ISBN 978-7-5676-5980-3

Ⅰ. ①劳… Ⅱ. ①林… Ⅲ. ①劳动教育—儿童教育—特殊教育—教学参考资料 Ⅳ. ①G76

中国版本图书馆CIP数据核字(2022)第254356号

LAODONG CHUANGZAO MEIHAO SHENGHUO
YI ZHANJIANG SHI TESHU JIAOYU XUEXIAO LAODONG KECHENG CHAUNGXIN WEI LI

劳动创造美好生活

——以湛江市特殊教育学校劳动课程创新为例

林观兰◎著

责任编辑：潘 安
责任校对：赵传慧
装帧设计：张德宝
责任印制：桑国磊
出版发行：安徽师范大学出版社
芜湖市北京中路2号安徽师范大学赭山校区
网 址：https://press.ahnu.edu.cn/
发 行 部：0553-3883578 5910327 5910310(传真)
印 刷：江苏凤凰数码印务有限公司
版 次：2022年12月第1版
印 次：2022年12月第1次印刷
规 格：700 mm × 1000 mm 1/16
印 张：15
字 数：223千字
书 号：ISBN 978-7-5676-5980-3
定 价：60.00元

前　言

劳动既是人类创造并积累财富的过程，又是人类自我创造、自我完善的过程。重视劳动、辛勤劳动是中华民族的优良传统。劳动教育是我国高质量发展义教育体系的重要组成部分，也是培养人全面发展的重要途径。

特殊教育是我国基础教育的重要组成部分。特殊教育与普通教育有许多相通的地方，特殊教育需要普遍性与特殊性相结合。它不仅需要像普通教育那样，在德、智、体、美、劳等方面对学生进行教育，还要特别强调进行补偿缺陷和发展优势的教育。

特殊教育学校具有相对完善的劳动教育体系，无论是在国家政策层面，还是在特殊学校劳动教育实践中，劳动技能课程一直都受到重视。自20世纪80年代开始的历次盲、聋、培智学校课程计划中，都开设劳动教育和相关课程。聋校有“生活指导、劳动、劳动技术、职业技术”等科目，盲校有“认识初步与生活指导、劳动、劳动技术”等科目。在《培智学校义务教育课程标准》（2016年版）中，国家课程共有10个科目，与劳动教育相关的课程就有生活语文、生活数学、生活适应、劳动技能、绘画与手工、信息技术、艺术休闲等科目。

湛江市特殊教育学校学生由于生理上存在各种各样的缺陷，他们在听觉、视觉、触觉等感知觉方面与健全孩子差异较大，这些缺陷直接影响了他们的语言能力、思维能力发展，导致他们在认知方面发育迟缓，甚至低能（智障、自闭症及多重残疾儿童）。但孩子们是幸运的，他们生长在一个富强、民主、文明、和谐的国家，特殊教育从被关心、支持到高质量发展，实现了从有教到优教的跨越式发展，享受了真正公平甚至是被特别重视的教育权利。

湛江市特殊教育学校的办学理念是“一切为学生平等参与和健康发展的未来生活奠基”，着重培养学生“自尊、自信、自强、自立”，办学理念和发展方向与劳动育人目标不谋而合。自办学至今，劳动教育、职业启蒙教育等一直是各类学生的必修课和重点课程，学校投入了大量的资金建设各类劳动教室和校内实训基地，劳动教育、职业启蒙教育成为特色课程，并且融入了育人体系。我校获得“全国教育系统先进单位”称号，被定为第二批广东省劳动特色学校。近10年，我校学生的竹、木楹联和匾额雕刻等劳动作品成为湛江文化产业一张亮丽的名片，我们盲生的职高班学生除了部分考上大学继续学习外，其余的因为劳动意识强、按摩技术和服务质量口碑好都能百分百就业和自主创业，有多名学生毕业后直接开设按摩店，生意非常红火。

随着《“十四五”特殊教育发展提升行动计划》相继出台，适龄残疾儿童青少年入学纳入各级政府年度履职考核指标。入读义务教育一年级的学生与普校相同，都是六岁。这对于在听觉、视觉、触觉等感知觉方面存在缺陷的他们来说，入学后的学习、生活就更加困难。加上一些残疾孩子的家庭不懂得、不重视家庭教育，也没有条件进行学前教育，且不说语言能力、思维能力的发展，单就学生自理能力的培养，有时就要经历漫长的反复训练。

为了破解这个瓶颈问题，近两年，在黄岱校长的大力支持下，学校着重以课题为引领，以项目为支点，全力推进校本化研修和内涵建设，先后申请并获批了5个省市级劳动教育方面课题，成立了课程研发团队，组织专兼职劳动美育教师参加线下线上培训，全面提升教师专业能力，落实新课程、新教材的要求，提升教师对课程改革的认知高度，引导教师深度开发劳动课程，创新教学模式，提升教师课堂教学和教育科研能力，引领教师自身成长，促进学生德、智、体、美、劳全面发展。

本书是广东省教育科学“十三五”规划2020年度研究项目（德育专项）“特殊教育学校劳动教育课程建设与实践研究——以湛江市特殊教育学校为例”（项目编号：2020JKDY129）、2021年度湛江市中小学德育课题“培智学生家政课程家校协同的实践研究”（课题批准号：ZJDYKT202156）的研究成果。是“2022年度广东省中小学教师校本研修示范学校项目”（课题编号2022XBYX149，主持人：黄岱）、“广东省内涵建设‘特殊学生语言康复与发展’项目”阶段成果。它比较全面地介绍了我校劳动教育课程建设、改革创新的背景、内容、途径及成效，并从理论、实践与成果三个大的方面进行了阐述。

知人者智，自知者明。本书记录了我们在劳动教育课程改革、建设方面的实践探索、学习、反思及再实践的过程，如果能给各位特教同仁一点启发，我们将感到无限欣慰。书中若有不足之处，敬请各位同仁不吝赐教。

林观兰

二〇二二年十月于湛江

目　录

第一章　特殊儿童、特殊教育与特殊教育学校

我国的特殊儿童在特殊教育学校享受着特殊教育。“特殊”二字，相对于“一般”而言，更加体现出党和政府对于特殊群体的关心与爱护。

第一节　特殊儿童

特殊儿童指与正常发展水平儿童在各方面有显著差异的儿童。这些差异可表现在智力、感官、情绪、肢体、行为或言语等方面，既包括低于正常发展水平的儿童，又包括高于正常发展水平的儿童以及有轻微违法犯罪的儿童。本书特指听障、视障、智障或自闭症儿童，以及多重障碍儿童。

一、听障儿童

听障儿童，因各种原因导致丧失双耳听力或形成听觉障碍，听不到或听不清周围环境的声音。除听力残疾称谓外，又叫听力损伤、听觉缺陷、听觉障碍、耳聋、重听等。

根据听力损失程度，听力残疾可分为四级：

听力残疾一级：听觉系统的结构和功能方面极重度损伤，较好耳平均听力损失≥91 dB HL，在无助听设备帮助下，不能依靠听觉进行言语交流，在理解和交流等活动上极度受限，在参与社会生活方面存在极严重障碍。

听力残疾二级：听觉系统的结构和功能方面重度损伤，较好耳平均听力损失在81—90 dB HL，在无助听设备帮助下，在理解和交流等活动上重度受限，在参与社会生活方面存在严重障碍。

听力残疾三级：听觉系统的结构和功能方面中重度损伤，较好耳平均听力损失在61—80 dB HL，在无助听设备帮助下，在理解和交流等活动上中度受限，在参与社会生活方面存在中度障碍。

听力残疾四级：听觉系统的结构和功能方面中度损伤，较好耳平均听力损失在41—60 dB HL，在无助听设备帮助下，在理解和交流等活动上轻度受限，在参与社会生活方面存在轻度障碍。

除了根据听力损失程度进行分类外，我们还可以根据听觉障碍的性质，分为器质性耳聋和功能性耳聋；根据听觉障碍发生的部位，分为传导（传音）性耳聋、感音性耳聋和混合性耳聋；根据听觉障碍发生时间，分为先天性耳聋和后天性耳聋；根据听力障碍发生的频率范围，分为高频听力损失、低频听力损失和语言频率听力损失。还有学者根据语言习得与否，将其分为学语前聋和学语后聋。

听觉障碍儿童的出现率，指在某一段时间内听力残疾儿童在同年龄儿童中所占的百分比，按多数学者的估计，出现率在0.3%—0.7%。根据2006年第二次全国残疾人抽样调查的资料推算，我国各类残疾人有8296万人，其中听力残疾人有2004万人，占残疾人总数的24.16%。另外，我国每年新诊断出的听力语言障碍儿童约2万至4万人。2006年的统计数据显示，全国听觉障碍学生（6—15岁）在校人数为115 785人。

二、视障儿童

视障儿童，由各种原因导致双眼视力损失或视野缩小，难以从事一般人从事的工作、学习或其他活动。早期说法为视力残疾、视觉缺陷，20世纪开始多称为视觉障碍。

毫无疑问，眼睛完全失明了的盲童属于视力残疾儿童。在实际生活中，有一部分儿童，虽然没有完全失明，但不能像普通儿童那样正常地用眼睛进行学习或活动，这部分儿童也属于视力残疾儿童。

视力指眼睛识别物体形状的能力。视野指眼球固定注视一点时所能看见的空间范围。一般人的视野范围为上方60°、下方75°、鼻侧60°、颞侧100°。视野小到一定程度，也属于视力残疾的范围。

视觉障碍分类及最佳矫正视力参见如下：

表1　视觉障碍分类

类别	级别	最佳矫正视力
盲	一级	无光感至小于0.02，或视野半径小于5度
	二级	大于或等于0.02至小于0.05，或视野半径小于10度
低视力	三级	大于或等于0.05至小于0.1
	四级	大于或等于0.1至小于0.3

注：

1.盲或低视力均指双眼而言。若双眼视力不同，则以视力较好的一眼为准。如仅有单眼为盲或低视力，另一眼的视力达到或优于0.3，则不属于视力残疾范畴。

2.最佳矫正视力指以适当镜片矫正能达到的最好视力，或以针孔镜测得的视力。

3.视野半径小于10度者，不论其视力如何均属于盲。

根据2006年第二次全国残疾人抽样调查的资料推算，我国8296万残疾人中，视觉残疾人有1233万人，占残疾人总数的14.86%。据教育部统计资料，2006年，我国在校接受教育的视觉障碍儿童、青少年（6—16岁）有41 520人。

三、智障儿童

智力障碍，简称“智障”，也称智力残疾，是一种以智力功能和适应性行为有显著缺陷为特征的障碍。适应性行为缺陷表现在概念性、社会性、实践性和适应性技能上。

智障，包括在智力发育期间（18岁之前），各种有害因素导致的精神发育不全或智力迟滞；或者智力发育成熟以后，各种有害因素导致智力损害或智力明显衰退。智力残疾分为4级，参见表2：

表2 智力残疾分级

级别	智力发育水平		社会适应能力	
	发展商(DQ) 0—6岁	智商(IQ) 7岁及以上	适应行为 (AB)	WHO-DASⅡ分值 18岁及以上
一级	≤25	＜20	极重度	≥116分
二级	26—39	20—34	重度	106—115分
三级	40—54	35—49	中度	96—105分
四级	55—75	50—69	轻度	52—95分

注：

极重度：不能与人交流，不能自理，不能参与任何活动，身体移动能力很差；需要环境提供全面的支持，全部生活由他人照料。

重度：与人交往能力差，生活方面很难达到自理，运动能力发展较差；需要环境提供广泛的支持，大部分生活由他人照料。

中度：能以简单的方式与人交流，生活能部分自理，能做简单的家务劳动，能参与一些简单的社会活动；需要环境提供有限的支持，部分生活由他人照料。

轻度：能生活自理，能承担一般的家务劳动或工作，对周围环境有较好的辨别能力，能与人交流和交往，能比较正常地参与社会活动；需要环境提供间歇的支持，一般情况下生活不需要由他人照料。

第一，感知信息方面。一般认为，智障儿童的感觉遵循着和正常儿童一样的发展顺序，不同点在于感觉的量和质有区别。智障儿童感知信息的特点是：感受性低，范围狭窄；加工速度慢；辨别能力弱，听觉分辨不及正常儿童灵敏，其他感觉反应也较为迟钝，如对冷热、疼痛的感觉迟钝，因而容易引起自伤；知觉恒常性不及正常儿童。

第二，注意力方面。智障儿童的无意注意得到了一定发展，但有意注意处于缓慢的形成过程中。智障儿童的注意不易受预定目的的支配，难以将注意集中在学习任务上，时常被无关刺激所吸引。智障儿童不能有效地控制自己的注意力，所以对于很多知识的掌握可能是支离破碎的。

第三，记忆力方面。智障儿童的短时记忆和正常儿童相比有显著的缺陷，主要表现在记忆广度上。研究发现，正常儿童3岁左右时数字短时记忆广度可以达到3，16岁时可以达到7—8，而唐氏综合征儿童最多只能达到3—4。工作记忆和长时记忆能力的发展同样滞后于正常儿童。

第四，语言理解和表达方面。智障儿童在词的语义的提取中不善于利用相关线索，常常表现出词义泛化现象。在句子理解上有显著的障碍，落后于正常儿童，对句子理解的速度缓慢。在陌生环境中，不能使用有意义的话语传达信息，他们只是机械地模仿，或重复自己感兴趣的部分，或重复某些个别的音，回答问题时容易出现转移话题或答非所问的现象。

第五，思维表现方面。大约有三分之一的智障儿童处于感知运动阶段，出现主要是靠感觉和动作来认识周围的世界。三分之一的智障儿童处于前运算阶段，其认知开始出现象征（或符号）功能，但不能形成正确的概念，其判断受直觉思维支配。还有三分之一的智障儿童处于具体运算阶段，能在一定程度上做出推理，但思维运算离不开具体事物的支持。基于以上的特点，智障儿童的思维普遍以具体形象思维为主①。

四、自闭症儿童

自闭症是一种通常出现于3岁前的发展性障碍，它会影响语言和非语言沟通、社会互动，进而影响儿童表现。此外，自闭症通常有以下相关特征：重复活动和刻板运动，排斥环境或日常例行活动的变化，以及对感官体验有异常反应。

自闭症个体的社会互动障碍大多体现为社会性应答缺陷。自闭症儿童难以与父母形成正常的依恋关系，也无法与同伴建立起友谊关系。事实

① 李婷.智力障碍儿童思维表现特征的研究[EB/OL].(2018-07-16)[2022-10-15].http://www.jlzzgy.cn/showNews.jsp?classId=BYY31NXTGY&newsId=60662.

上，他们常常给人以对交友不感兴趣的印象。

多数自闭症儿童缺乏沟通意向或缺乏为实现某些社会性目的而进行沟通的意愿，不使用或者几乎不使用语言；而有语言的自闭症个体的口语在语调、语速、音量和内容上都有异常现象。

许多自闭症儿童表现出刻板的行为：重复的、仪式化的动作行为，如旋转、转动物体、拍手、摇晃等；极端执着于某物体，长时间摆弄某个物体。一些自闭症儿童难以接受变化或过渡，小小变动会让他们烦躁不安。

自闭症儿童经常出现注意力过于分散，或极其专注而不能有效转移注意力等问题；对某些刺激过于敏感，对其他刺激则反应迟钝，表现出“视而不见，听而不闻”；在听觉和视觉信息之间转移注意力比一般人需要更多的时间；在持续与切换注意上有困难。

一些自闭症儿童对于环境中的特定刺激，要么反应过度，要么反应迟钝。如：有些自闭症儿童对荧光灯过度敏感，而有些自闭症儿童对触摸过度敏感；有些自闭症儿童对听觉、视觉和触觉刺激完全没有反应，不注意观察的话，会觉得他们是聋人或盲人；还有些自闭症儿童集两种情况于一身，如对警报声等嘈杂的声音置若罔闻，对遥远的口哨声却反应过度。

五、多重障碍儿童

多重障碍，指同时存在视力残疾、听力残疾、言语残疾、肢体残疾、智力残疾、精神残疾中的两种或两种以上残疾。其障碍类型复杂，如聋哑兼智障、聋哑孤独症、视障孤独症等。

多重障碍儿童教育问题已引起国家相关部门的重视，主要体现在以下方面：

第一，将不在教育机构的多重障碍学生纳入教育部门学籍管理。儿童福利机构特教班就读和接受送教上门服务的残疾学生纳入中小学生学籍管理。强调落实“一人一案”，做好教育安置。

第二，采取送教上门服务。对不能到校就读、需要专人护理的适龄残疾儿童少年，采取送教进入社区、儿童福利机构、家庭的方式实施教育。具体以区（县）为单位完善送教上门制度，为残疾学生提供规范、有效的送教服务。

第三，提出“研制多重残疾、孤独症等学生的课程指南”。针对多重障碍学生身心特点的复杂性和多样性及其教育需要的特殊性，要求专门研制出台有关教育课程的指导性文件。

第二节　特殊教育

特殊教育是指使用一般的或经过特别设计的课程、教材、教法、教学组织形式及教学设备，对有特殊需要的儿童进行旨在达到一般和特殊培养目标的教育。特殊教育的目的和任务是最大限度地满足社会的要求和特殊儿童的教育需要，发展他们的潜能，使他们增长知识、获得技能、完善人格，增强社会适应能力，成为对社会有用的人才。

一、特殊教育的概念

特殊教育是指为了满足特殊儿童学习的需要而设计（提供）的教育。不同种类特殊儿童的教育，可分为盲童教育、聋童教育、智力落后儿童教育、超常儿童教育、言语障碍儿童教育、情绪和行为障碍儿童教育、多重残疾儿童教育等。

特殊教育是相对于普通教育而言的，是我国教育的重要组成部分。特殊教育不仅需要像普通教育那样，在德、智、体、美、劳诸方面对儿童进行教育，还特别强调进行补偿缺陷和发展优势的教育。如教盲童学习盲文和定向行走，对聋童进行听力、语言训练，对智障儿童进行感知觉和动作能力的教育训练，等等。

特殊教育要重视早期教育。因为年龄小，可塑性大，所以要及早保护残疾儿童的残余视力和听力，开发儿童的智力和语言能力。错过了最佳期，往往事倍功半。

特殊教育要重视个别教育，强调在教育中因材施教，满足不同学生的特殊需要。

特殊教育必须和社会教育、家庭教育有机结合。特殊教育强调大教育的观点，强调教育的整体性和系统性。

二、特殊教育的对象

我国特殊教育实施的对象主要是盲、聋、哑、智力落后以及有其他身心缺陷的儿童和青少年，设有盲聋哑学校、低能儿学校或低常儿童班、智障儿童班以及工读学校等。国家保障残疾人受教育的权利，对残疾儿童、少年实施义务教育，这在我国相关的法律法规中有明确规定。

在我国，残疾儿童受教育形式一般有3种：特殊教育学校、普通学校等机构附设的特殊教育班、普通学校的普通班中随班就读。大多数残疾儿童在普通学校的普通班中随班就读。

三、我国特殊教育的发展历程

1874年，在北京甘雨胡同开设的启明瞽目院（即北京盲校的前身），为我国盲教育的开端。

1887年，在烟台的登州（现蓬莱）开设的启喑学馆，为我国聋教育的开端。

民国时期，张謇曾经在南通开办过短期的特殊教育师资训练班，即当时的盲哑传习所。

中华人民共和国成立后，随着各项事业的蓬勃发展，特殊教育的师资培训纳入政府的相关工作，培训属于师傅带徒弟的模式。

20世纪50年代，举办了几个聋教育的师资短训班，曾派三个留学生到苏联学习特殊教育。

1980年，北京师范大学建立了我国第一个特殊教育教研室，之后特殊教育师资培训开始走向正轨。

1981年，黑龙江的肇东师范学校首先招收特殊教育专业的学生，专门培养特殊教育一线师资。

1982年，教育部等部门批文在南京设立特殊教育师范学校（今南京特殊教育学院前身）。

1983年，山东泰安师范学校开始招收特殊教育专业的学生。

1986年，北京师范大学开始培养特殊教育专业的本科生。

1993年，在高等教育司编写的《普通高等学校本科专业目录和专业简介》中，特殊教育属教育学专业，专业代码040103。

1998年，教育部颁布《普通高等学校本科专业目录（1998年颁布）》，特殊教育信息保持不变。

2012年9月，教育部颁布《普通高等学校本科专业目录（2012年）》，原特殊教育（专业代码：040103）与言语听觉科学（专业代码：040109S）合并为特殊教育（专业代码：040108）。

2020年2月，教育部颁布《普通高等学校本科专业目录（2020年版）》，特殊教育专业为教育学门类专业，专业代码为040108，属教育学类专业，授予教育学学士学位。

四、特殊教育的专业

特殊教育现在发展为一门普通高等学校本科专业，属教育学类专业，基本修业年限为四年，授予教育学学士学位。该专业培养具有良好思想道德品质、扎实的普通教育和特殊教育的知识、较强的教学实践能力，能在特殊教育机构及相关机构从事特殊教育实践、理论研究和管理等方面工作的复合型人才 。

普通高等学校的特殊教育，培养能够在各级各类特殊教育学校及管理机构胜任教育、教学、管理与研究工作的专门人才。

五、特殊教育的意义

特殊教育作为教育的一个组成部分，自然具备教育的各种作用，对社会发展和进步具有重要意义，同时，作为对社会中有特殊需要的群体的教育，有特别的意义：

政治上，体现了宪法赋予公民的平等权利，体现了社会主义制度的优越性。

经济上，变消费者为生产者。对残疾儿童进行特殊教育和一定的劳动职业训练，不仅使他们能及时获得全面发展，提高其文化水平和劳动技能，还可以让他们从社会物质财富的单纯消耗者转变为直接或间接生产物质财富或精神财富的劳动者，成为推动社会前进的积极力量。残疾人作为平等的人的社会价值充分表现出来。

精神文明上，在全社会建设社会主义精神文明，应包括有生理和心理缺陷的社会成员的精神境界的提高。很多身残志坚、刻苦自强的残疾人为社会主义精神文明增加了新的内容。

特殊教育的发展与普及是衡量我国普及教育的重要方面。国家相关法令和国务院相关文件，要求把残疾儿童义务教育的发展与普通教育的发展统一规划、统一部署、统一领导、统一检查。

特殊教育的发展对相关的事业和学科的发展也有很大意义，如普通心理学、儿童心理学、普通教育学、医学、康复学、社会学、现代技术、哲学等。相关学科的发展促进了特殊教育和特殊教育学的发展，而特殊教育和特殊教育学的发展丰富和促进了相关事业和学科的发展。

六、关于特殊教育的四个基本观点

根据我国特殊教育工作者的实践经验，相关学者逐渐形成了对残疾儿童特殊教育的以下4个基本观点：

其一，残疾儿童与普通儿童有共性，同时有特殊性。我们首先要把残疾儿童当成正在迅速发展、成长的儿童看待，绝不能因为他们有某些缺陷而得不到全面发展和公平待遇；但在进行教育和科研时，必须从残疾儿童的特殊性出发，把共性和特殊性紧密结合起来。

其二，对残疾儿童的特殊性要具体情况具体分析。首先，要区别各种特殊性中的原因和结果，也就是区分出第一缺陷和由其派生出的第二缺陷。其次，要具体分析在诸多第二、三缺陷中的主要缺陷和次要缺陷。最后，对残疾儿童的特殊性应该一分为二，不只是看残疾给他们心理活动和教育带来的困难，也要看到残疾给他们心理发展带来的新的动力。

其三，要从发展的观点看残疾，认识功能损害补偿和康复的可能性。目前医学对大多数的残疾儿童还不能进行彻底的治疗，在不能改变残疾这个客观事实的情况下，教育、训练和心理康复可以改变有残疾个体的整体机能状况：可以利用视觉、触觉等代替听觉，教会聋童说话，更可以利用现代化的电子仪器和助听器使聋童利用听觉的残余机能，发挥其潜力。即使是人们认为很少能改变的先天愚造成的智力落后，如能在早期发现后就进行训练，其生活自理能力、认知能力等也可得到一定程度的补偿。

其四，教育条件和后天环境在残疾儿童的发展中起重大的作用。耳聋、目盲、智力低下、肢体残疾的儿童的发展可能性虽然在某些方面有别于正常儿童，但发展可能性的基本方面是相同的，都可以在良好的教育和适当的外界条件下充分发挥其内部的潜在能力。可以肯定的是：良好的社会条件、早期开始并组织施行良好的教育，可以帮助各类残疾儿童把他们潜在的发展可能性变为现实性。

第三节　特殊教育学校

与实施义务教育的普通中小学学校相比，特殊教育学校有自己的特定内涵和发展规模。

一、特殊教育学校的特定内涵

特殊教育学校，是指由政府、企业事业组织、社会团体、其他社会组织及公民个人依法举办的专门对残疾儿童、青少年实施的义务教育机构。

在特殊教育学校里，教育对象是特殊儿童，又称为残疾人、残疾儿童，他们在心理、生理、人体结构上，某种组织、功能丧失或者不正常，全部或者部分丧失以正常方式从事某种活动的能力。残疾包括视力残疾、听力残疾、言语残疾、肢体残疾、智力残疾、精神残疾、多重残疾七类。

特殊教育学校进行的教育叫“特殊教育”。

二、特殊教育学校的发展规模

2021年3月1日，教育部发布的2020年全国教育事业统计结果显示：2020年，全国共有特殊教育学校2244所，招收各种形式的特殊教育学生14.90万人，在校生88.08万人，特殊教育学校共有专任教师6.62万人[①]。

2022年3月1日，教育部发展规划司发布2021年全国教育事业统计结果：2021年，全国共有特殊教育学校2288所，招收各种形式的特殊教育学生14.91万人，在校生91.98万人，特殊教育专任教师6.94万人[②]。

---

① 教育部：2020年全国各级各类学校53.71万所 在校生2.89亿人[EB/OL].(2021-03-01)[2022-11-15].https://baijiahao.baidu.com/s?id=1693012595220957126&wfr=spider&for=pc.

② 2021年全国教育事业统计主要结果.[EB/OL].(2022-03-01)[2022-11-15]].http://www.moe.gov.cn/jyb_xwfb/gzdt_gzdt/s5987/202203/t20220301_603262.html.

第二章　劳动教育与特殊学校劳动教育

劳动教育是使学生树立正确的劳动观点和劳动态度、养成劳动习惯的教育，是人德、智、体、美、劳全面发展的重要内容之一。

特殊学校劳动教育是指盲、聋、智障等残疾儿童学校训练学生掌握劳动技术的教育活动。与一般中小学劳动技术教育的显著区别在于：特殊学校学生毕业后多数直接就业，学校不但要通过各种教育活动使残疾学生做好参加工作的文化和心理准备，而且要安排专门教学，训练他们掌握一定的职业劳动技能，并进行思想教育，为其就业创造条件。

第一节　劳动教育

劳动教育是国民教育体系的重要内容，是学生成长的必要途径，具有树德、增智、强体、育美的综合育人价值。实施劳动教育重点是在系统的文化知识学习之外，有目的、有计划地组织学生参加日常生活劳动、生产劳动和服务性劳动，让学生动手实践、出力流汗，接受锻炼、磨炼意志，培养学生正确的劳动价值观和良好的劳动品质。

一、劳动的概念

劳动是人类实践活动的一种特殊形式，多指创造物质财富和精神财富的活动。

也有人认为，劳动是人类特有的基本的社会实践活动，也是人类通过有目的的活动改造自然对象并在这一活动中改造人自身的过程。

在经济学中，劳动则是指劳动力（含体力和脑力）的支出和使用。如劳动力的使用就是劳动本身。劳动力的买者消费劳动力，就是让劳动力的卖者为其提供劳动。

二、劳动教育的概念

劳动教育是以提升学生劳动素养的方式促进学生全面发展的教育活动。

也可以定义为：劳动教育是以促进学生形成劳动价值观（包括正确的劳动观点、积极的劳动态度，热爱劳动、热爱劳动者等）、养成良好劳动素养（形成劳动习惯、有一定劳动知识与技能、有能力开展创造性劳动等）为目的的教育活动。

三、劳动教育的基本内涵

在劳动价值观方面，劳动教育要努力帮助学习者确立：第一，正确的劳动观点、积极的劳动态度（即具有“劳动精神”），拒绝“好逸恶劳”“不劳而获”等错误的价值观；第二，形成尊重、热爱劳动过程、劳动成果和劳动人民（“劳动精神”的体现）的价值态度。

在养成良好劳动素养方面，劳动教育要强调：第一，培养学生具备一定劳动知识与技能，成为全面发展的人；第二，发展学习者创造性劳动的潜质，成为新时代所需要的创造性劳动者；第三，形成良好的劳动习惯，成为一个“滴自己的汗，吃自己的饭”（陶行知先生语）的、有尊严的、有教养的现代人。

四、劳动教育的基本特征

其一，劳动教育具有普通教育的特征。劳动教育覆盖不同类型的教育形态。职业教育、普通教育，大、中、小学以及幼儿园不同学段的教育，都要开展劳动教育。劳动教育在基础教育阶段具有重要的意义。

其二，劳动教育具有价值教育的属性。劳动教育所要培育的劳动素养，包括形成劳动习惯、有一定劳动知识与技能、有能力开展创造性劳动等，但劳动价值观是劳动素养的核心。劳动教育应当特别注重核心目标的达成。

其三，劳动教育具有强烈的时代特征与社会属性。劳动教育包括参加体力劳动，但不能狭隘地理解为简单的体力劳动锻炼。劳动教育需要依据劳动形态的演进而与时俱进，如创造条件让学生参加服务形态的劳动、创造性劳动等而形成当代劳动教育的新方向。

五、关于劳动教育的启示

其一，劳动教育不等于一般性的活动、实践等，劳动教育的主要目的是通过劳动培育受教育者全面发展的人格。

其二，劳动教育包括劳动技术、职业技术的学习，但不等同于具体劳动技术、职业技术学习，劳动教育的核心目标是劳动价值观的培育。

其三，劳动教育很多时候需要出力流汗，但不等于简单的体力劳动锻炼。要搭建家、校、企、社四位一体劳动教育共育模式，做到以劳树德、以劳增智、以劳强体、以劳育美、以劳创新，把学生培养成为德、智、体、美、劳全面发展的时代新人。

其四，要大力宣传“光荣属于劳动者，幸福属于劳动者”的理念。劳动是推动人类社会进步的根本力量。劳动模范和先进工作者们深刻体现了工人阶级和广大劳动群众的优秀品质，充分反映了历史发展和时代进步的价值取向。

第二节　特殊学校劳动教育

在我国，对于盲校学生，一般主要是培养其推拿、针灸、编织等技能；对于聋校和培智学校学生，一般主要是培养其木工、缝纫、刺绣、编织、理发、打字、印刷、农艺等技能。1953年，教育部在有关文件中明确规定：盲、聋哑小学除实施普通小学智育、体育、德育、美育外，在有条件的地方还须给予盲、聋儿童职业技能训练。20世纪80年代后，教育部制订的盲、聋、智障儿童特殊学校教学计划中，均把劳动技术教育作为独立课程，置于显著地位。

一、特殊学校劳动教育的概念

我国特殊学校劳动教育，是指盲、聋、智障等残疾儿童学校培养和训练学生养成良好的劳动习惯、热爱劳动的思想情感、积极的劳动态度、珍惜劳动成果等方面的教育活动。

二、特殊学校劳动教育的法律依据

《中华人民共和国宪法》第四十五条规定："中华人民共和国公民在年老、疾病或者丧失劳动能力的情况下，有从国家和社会获得物质帮助的权利。国家发展为公民享受这些权利所需要的社会保险、社会救济和医疗卫生事业。国家和社会保障残废军人的生活，抚恤烈士家属，优待军人家属。国家和社会帮助安排盲、聋、哑和其他有残疾的公民的劳动、生活和教育。"

《中华人民共和国残疾人保障法》第二十三条规定："残疾人教育应当根据残疾人的身心特性和需要，按照下列要求实施：（一）在进行思想教育、文化教育的同时，加强身心补偿和职业教育；（二）依据残疾类别和接受能力，采取普通教育方式或者特殊教育方式；（三）特殊教育的课程设置、教材、教学方法、入学和在校年龄，可以有适度弹性。”

《残疾人教育条例》第二十四条规定：“残疾儿童、少年特殊教育学校（班）应当坚持思想教育、文化教育、劳动技能教育与身心补偿相结合，并根据学生残疾状况和补偿程度，实施分类教学；必要时，应当听取残疾学生父母或者其他监护人的意见，制定符合残疾学生身心特性和需要的个别化教育计划，实施个别教学。”

三、特殊学校劳动教育的内容

顾明远主编的《教育大辞典》中将“特殊学校劳动技术教育”解释为：“特殊学校劳动技术教育是指盲、聋、弱智等残疾儿童学校训练学生掌握劳动技术的教育活动。它与一般中小学的显著区别在于：特殊学校学生毕业后多数直接就业，学校不但要通过各种教育活动使残疾学生做好参加工作的文化和心理准备，还要安排专门教学，训练他们掌握一定的职业劳动技能，并进行思想教育，为其就业创造条件。”（这里的“弱智”指“智障”，无贬义。）如今，随着特殊教育的不断发展，特殊学校教育已经普及九年制义务教育，逐步完善中等职业教育。除培智类学生外，盲、聋学生完成中等职业教育后，还有机会到高等教育学校继续学习。

特殊学校劳动教育，或称特殊学校劳动技术教育，从不同的角度研究，会有不同的说法。举例如下：

其一，生活教育。有的学者在智障儿童教育上，主张使用生活教育的概念，认为培智学校的教育，应以自强自立、适应社会、生活自理为主的生活教育为教材，组织儿童进行活动。也就是说培智学校应采取一种讲求实效性、综合性的以生活为中心的教材，培养智障儿童有适当的生活态度，教育他们如何在社会环境中生活。这种教育观，是以陶行知“生活即教育”的理论为基础的。不光是培智学校要实行生活教育原则、贯彻生活教育理论，盲校、聋校也要贯彻生活教育理论。劳动教育要将生活自理能力列为重要内容。生活教育与劳动教育的关系紧密，生活教育是劳动教育的基础，生活教育内容在劳动教育中得到巩固和发展，即学生在生活教育中获得的知识、技能在劳动教育、职业教育中得到充实、发展。

其二，职业陶冶教育。特殊学校的职业陶冶教育是指特殊学校义务教育及高中阶段的一种渗透性职业教育活动，主要通过手工劳作、种植、饲养、参观等，使儿童于潜移默化中了解自己，了解职业。它对职业指导和职业训练具有启蒙意义，也称为职业启蒙教育。

其三，职业指导。特殊学校的职业指导是指帮助盲、聋、智障、肢残等学生选择并准备从事一项适合他们的职业的活动过程。采用科学方法帮助学生了解自己，帮助他们了解工作，获得职业信息，学会通过咨询作出职业决策，即根据社会需要和自身特点选择职业、获得职业和完成职业。

其四，生计教育。特殊学校的生计教育是指通过特殊学校争取社会共同努力，帮助残疾学生将个人价值观、职业取向、社会价值观和需要统一起来，获得一定生计，既有利于社会的安定、发展，又有利于残疾人幸福的一种课程与教学活动计划。生计教育的概念在我国并不经常使用，但随着我国特殊学校劳动教育与职业教育的加强，生计教育必然成为不可或缺的概念。

其五，职业技术教育。我国盲、聋、智障青少年的职业技术教育是指根据社会需要和残疾青少年的身心特点，实施的职前、职后的各级各类职业和技术教育以及普通教育中的普通职业教育的总称。这是一个具有综合性特点的概念。

其六，职业教育。从某种意义说，劳动教育是职业教育的基础版，职业教育是劳动教育的专业版。职业教育的培养目标本身就包括工作或者劳动技能，是与劳动操作密切相关的专业教育。职业教育培养的是面向生产一线从事专业劳动、专业生产的技术、技能型人才，包括实体经济中生产物质资料的技术技能人才，也包括服务业中提供生产性服务和生活性服务的技术技能人才。因此，职业教育的劳动教育要与生产实践和专业发展结合起来。

（一）聋校的劳动教育

1996年人民教育出版社出版了《全日制聋校实验教材·劳动（教师教学用书）》（以下简称《教学用书》）。《教学用书》从聋校开设劳动课的目的、聋校开设劳动课的意义、聋校劳动教育目标的实施、聋校劳动教育的实施重点等方面进行详细的论述。这是开启我国聋校劳动教育先河的一本教学用书，具有重要的参考价值和借鉴意义。

第一，聋校开设劳动课的目的。进行劳动教育是聋校的一项重要任务，开设劳动课是全面贯彻教育方针，培养新时期合格人才不可缺少的一项内容。聋校开设劳动课的主要目的是：通过劳动教育，使聋生能够做到自我服务，并能从事一些家务劳动、公益劳动和简单的生产劳动，掌握一些基本的劳动知识、技能，为今后自理生活、学习劳动技术打下坚实的基础；使聋生树立正确的劳动观念，养成良好的劳动习惯，具有热爱劳动和劳动人民的情感；补偿身心缺陷，为其将来平等参与社会，成为自食其力的劳动者打下基础。

第二，聋校开设劳动课的意义。劳动课是聋校的一门主课，对于未来的生活和发展具有重要的作用。通过劳动课的教学，不仅可以培养学生的劳动观念、劳动态度，为他们进一步学习劳动技能打下基础，提高他们的独立生活能力，还有助于矫正和补偿他们的心理、生理缺陷，使他们的肢体得到锻炼，促使他们个性的全面发展，为把他们培养成合格的劳动者打好基础。由于聋生存在听力与语言方面的缺陷，他们在学习、劳动与生活方面都存在困难。对他们来说，首要的问题是战胜自我，树立自立自强的生活信心，而劳动课的教学为解决这个问题起到了重要的作用。开设劳动课，有利于促进 聋生生活适应能力的发展，有利于良好的个性心理品质的形成和发展，有利于职业适应。

第三，聋校劳动教育目标的实施。基于社会经济发展对人才素质的要求，基于聋生的生理缺陷程度不同和其语言发展和智力状况的不同，基于教育改革向全面推进素质教育发展，九年制义务教育阶段的聋校在制定劳动教育的具体目标时，应该考虑面向全体学生，实施全面发展的素质教育，注重实用，突出能力，强化应用，为他们能顺利地与人们沟通，参与社会生活劳动奠定基础；要切实改变重知识、轻能力，重系统性、轻实用性，重考试分数、轻应用知识解决实际问题的能力，重说教、轻思想行为的规范操练和表现，重劳动知识传授、轻生活自理实践和生产劳动的动手操作训练等偏向，切实提高办学效益。

第四，聋校劳动教育的实施重点。培养聋生的劳动技能，提高他们的劳动、就业能力，为其将来服务社会做好准备。现阶段的大多数学生在接受完九年制义务教育后，不再是过去的都要走上社会从事生产劳动。因此，要重点开展劳动素质培养和职业教育，使学生逐步掌握适应未来社会发展的素养和技能。通过聋校的劳动教育，使聋生具备一定的职业知识，培养聋生的职业道德和职业能力，使聋生在毕业后能够独立生活、适应社会，为社会创造财富，这对于聋校来说是至关重要的教育目标。

（二）盲校的劳动教育

朴永馨在《特殊教育学》“视力残疾儿童的教育教学”部分对盲校的劳动教育做了专门的论述，指出盲校教学计划中，对盲生劳动技能的要求比正常儿童高些，如对小学盲生要求具有初步的家务劳动能力，初中则要求盲生有比较熟练从事一般家务劳动的能力，树立正确的劳动观念。这是因为在日常生活及家庭中，盲生没有正常儿童的“目染”，他们不会也不能像正常儿童一样自然而然地就学会生活自理及家务劳动，如何洗衣服、如何做饭等，这些基本的家务劳动必须靠有计划、有目的地一步步学习，才能学会。而作为一个人，盲生走出校门必然进入社会，因而必须有独立生活能力才能生存。如果在学校期间不加以培养，很难想象他们毕业后如何立业、成家。

该书里讲了这样一个案例：一位盲校老师很有感触地说，盲生初中毕业了，可连洗衣机、煤气灶都不会用。这实际反映了我们教育的缺陷。因此，必须比正常儿童更强调对盲生独立生活能力的培养，克服并纠正失明就必须依靠正常人帮助的依赖思想。

朴永馨认为，那种认为盲生是“手不能提篮，肩不能挑担”的“废物”的观点也是极端错误的。当然，在给盲生传授各种劳动技能时，必须注意安全，必须首先让盲生懂得如何正确地使用剪、刀等工具，让他们懂得如何防电、防火等安全知识。

总之，在盲校小学和初中的培养目标中，盲校与普通学校所要完成的共同任务与盲校本身所负的特殊任务紧紧联系在一起，并体现在德、智、体、美、劳各个方面，从而做到弥补盲生的身心缺陷，达到德、智、体、美、劳全面发展。

而在其他的有关论述中，也特别强调盲校的劳动技能课要开足开好。朴永馨认为，劳动技能的教育是盲校教育的一个重点，因而劳动技能课要从一年级就开始，贯穿整个学习阶段，具体内容则由易到难。低年级的劳动技能教育主要渗透到生活指导课中进行，培养儿童的生活自理能力，形成自我服务的劳动技能，可以安排学生参加校园劳动、社会公益活动，培养正确的劳动观和良好的劳动习惯；中高年级盲生可以开设手工课、缝纫课、编织课等，让他们学会敲、打、剪等简单操作技巧，了解刀、剪、锤等手工工具；最好是到初二、初三进行分流，开设职业技术培训，进行按摩、推拿、针灸、调音等专业的培训。劳动技能课的教学内容应因地制宜，结合地方特点，教给学生最实用的劳动技能，为学生的自食其力打下坚实的基础。

（三）培智学校的劳动教育

《培智学校义务教育劳动技能课程标准》（2016年版）指出，劳动技能课程是培智学校义务教育阶段的一般性课程。该课程以培养培智学校学生简单的劳动技能为主，对学生进行职前劳动的知识和技能教育，通过劳动技能的训练，培养学生的劳动意识，形成热爱劳动的情感，掌握一定的劳动知识与技能，养成良好的劳动习惯。

该标准是我国特殊教育学校的第一个劳动技能课程标准，对课程性质、课程基本理念、课程设计思路、课程总目标、课程学段目标、内容结构、基本内容、教学建议、评价建议、教材编写建议、课程资源开发与利用建议、课程管理、教师队伍建设等都做了详细描述，对促进培智劳动技能教育课程实施、提高培智劳动技能课程教学质量提供了支撑，同时对其他类别特殊儿童劳动教育提供了参考。

四、特殊学校劳动教育的意义

自20世纪80年代开始的历次盲、聋、培智学校课程计划中，盲、聋、培智学校课程计划都开设了劳动教育和相关课程：聋校有生活指导、劳动、劳动技术、职业技术等科目；盲校有认识初步与生活指导、劳动、劳动技术等科目。《培智学校义务教育课程标准》（2016年版）中共有10个科目，与劳动教育相关的课程就有生活语文、生活数学、劳动技能、生活适应、绘画与手工、信息技术、艺术休闲等科目。

2018年9月10日，习近平总书记在全国教育大会上发表重要讲话，强调劳动教育和劳动精神的重要性。他指出，要努力构建德智体美劳全面培养的教育体系，要在学生中弘扬劳动精神，教育引导学生崇尚劳动、尊重劳动，懂得劳动最光荣、劳动最崇高、劳动最伟大、劳动最美丽的道理，长大后能够辛勤劳动、诚实劳动、创造性劳动。2020年3月20日，中共中央、国务院《关于全面加强新时代大中小学劳动教育的意见》发布，强调劳动教育是我国高质量发展教育体系的重要内容，充分肯定劳动教育的价值与意义，提出要在大中小学全面构建体现我国新时代特征的劳动教育体系。

特殊教育是我国基础教育的重要组成部分。特殊教育与普通教育有许多相通的地方，实践证明，普通教育的一般规律在特殊教育中也是适用的。特殊教育需要普遍性与特殊性相结合，它不仅要像普通教育那样，在德、智、体、美、劳各方面对学生进行教育，还要特别强调进行补偿缺陷和发展优势的教育。特殊学校的学生由于生理上存在各种各样的缺陷，他们在听觉、视觉、触觉等感知觉方面与普通儿童差异较大，这些缺陷直接影响了他们的语言能力、思维能力，导致他们在认知方面发育迟缓，甚至成为低能儿（智障、自闭症及多重残疾儿童）。与普通学校中可能只关注学生的考试成绩和劳动教育正在被淡化、弱化的情况相比，特殊教育学校具有相对完善的劳动教育体系，劳动技能课程无论是在国家政策层面，还是在学校劳动教育实践上，都受到重视。

1988年，国务院批转实施的《中国残疾人事业五年工作纲要（1988年—1992年）》指出：残疾人教育要贯彻普及与提高相结合，以普及为重点的原则，要切实把残疾人基础教育纳入九年义务教育的轨道，重点是普及初等教育；在教学内容上，把基础文化教育与职业技能教育结合起来；要因地制宜，要通过多种形式，扶持残疾人参加养殖业、种植业和家庭手工业等多种力所能及的劳动；要开展特殊教育的研究，进一步完善特教的教学大纲，改进课程设置、教学内容和教学方法，要根据社会需要和残疾人的特点，编写、修改特教教材，加强劳动技能教育，使学生既学到文化知识，又掌握劳动技能。

1989年，国务院转发了国家教委、国家计委、民政部、财政部、人事部、劳动部、卫生部、中国残疾人联合会等联合制定的《关于发展特殊教育的若干意见》，明确指出：我国宪法规定国家和社会帮助安排盲、聋、哑和其他有残疾的公民的劳动、生活和教育。发展特殊教育要贯彻普及与提高相结合，以普及为重点的原则。在当前和今后一个时期，发展特殊教育事业的基本方针是着重抓好初等教育和职业技术教育，把残疾少年儿童教育切实纳入普及义务教育的工作轨道。各级教育部门要把残疾少年儿童教育同当地实施义务教育工作统一规划、统一领导、统一部署、统一检查。今后，要将残疾少年儿童教育发展规划执行情况作为检查、验收普及初等教育的内容之一；各级各类特教学校都应贯彻执行德、智、体、美、劳全面发展的方针，在对残疾学生进行思想品德教育、文化教育和身心缺陷补偿的同时，切实加强劳动技能和职业技术教育，为他们参与社会生活，适应社会需要创造条件。

1998年，《特殊教育学校暂行规程》颁布，明确指出特殊教育学校的培养目标是：培养学生初步具有爱祖国、爱人民、爱劳动、爱科学、爱社会主义的情感，具有良好的品德，养成文明、礼貌、遵纪守法的行为习惯；掌握基础的文化科学知识和基本技能，初步具有运用所学知识分析问题、解决问题的能力；掌握锻炼身体的基本方法，具有较好的个人卫生习惯，身体素质和健康水平得到提高；具有健康的审美情趣；掌握一定的日常生活、劳动、生产的知识和技能；初步掌握补偿自身缺陷的基本方法，身心缺陷得到一定程度的康复；初步树立自尊、自信、自强、自立的精神和维护自身合法权益的意识，形成适应社会的基本能力。文件还规定：特殊教育学校要特别重视劳动教育、劳动技术教育和职业教育。学校要对低、中年级学生实施劳动教育，培养学生爱劳动、爱劳动人民、珍惜劳动成果的思想，培养从事自我服务、家务劳动和简单生产劳动的能力，养成良好的劳动习惯；要根据实际情况对高年级学生实施劳动技术教育和职业教育，提高学生的劳动、就业能力。

在特殊教育学校设置劳动课程，目的有二：一是提高特殊儿童的劳动知识和劳动技能，以便他们融入主流社会，尽可能做到自给自足；二是教育工作者认识到手工劳动可以帮助特殊儿童康复和补偿身心缺陷。劳动教育课程有利于促进特殊儿童的身心健康发展，让特殊儿童在劳动过程中，获得自我意识，感受到自我存在的价值。这也是劳动作为人类本质最鲜明的体现。

五、特殊学校劳动教育的理念

根据教育部2016年颁布实施的盲、聋和培智三类特殊教育学校义务教育课程标准和《义务教育劳动课程标准》（2022年版），笔者认为特殊教育学校劳动教育应该遵循以下理念：

第一，坚持育人导向。以习近平新时代中国特色社会主义思想为指导，注重挖掘劳动在树德、增智、强体、育美等方面的育人价值，将培养学生的劳动观念、劳动精神贯穿课程实施全过程，引导学生树立正确的劳动价值观，崇尚劳动、尊重劳动，增强对劳动人民的感情，发展创新意识，提升实践能力和社会责任感，成为懂劳动、会劳动、爱劳动的时代新人。

第二，尊重学生个体差异。培智学校学生残疾程度不一，类型多样。强调从学生发展现状和可行性出发，面向全体，关注个体差异，根据学生的能力水平和需要制定课程目标，确定课程内容和方法，开展教学活动。

第三，促进学生综合康复。要着眼于学生的潜能开发和功能改善，借鉴现代医学和康复技术的新成果，使学生在劳动过程中动手动脑，提高感觉动作水平，发展认知能力和沟通交往能力，形成自信乐观的生活态度，促进身心康复。

第四，提高学生劳动素养。要注重学生劳动素养的养成，使学生在掌握基本劳动技能的同时，获得成功的劳动体验，增强劳动意识，养成劳动习惯，学会沟通与合作，形成良好品德和健康的心态，获得劳动技能的综合运用能力。

第五，关注学生生活需求和社会生活实际的联系。学生的生活能力源于对周边生活的认识、体验和感悟，生活环境和生活经历对学生成长具有重要意义，满足学生生活需求是本课程的出发点和归宿。要以学生家庭生活、学校生活、社区生活和社会生活为背景，以劳动项目为载体，充分利用有效资源，通过多种途径引导学生体验和实践，获得服务自我、服务他人、适应社会的劳动知识和基本的劳动技能，学习的知识和技能要为学生参与社会生活服务，要成为学生体验生活、习得技能、改善功能和提高生活能力的过程。应坚持因地制宜，宜工则工，宜农则农。注重培养学生自理、自立能力，选择日常生活劳动内容；注重从时令特点和区域产业特色出发，选择工农业生产劳动内容；注重培养学生社会责任感，选择学生力所能及的公益劳动和现代服务业劳动内容；注重选择体现中华优秀传统文化和工匠精神的手工劳动内容，适当引进体现新形态、新技术、新工艺等的现代劳动内容。

第六，倡导丰富多样的实践方式。强调学生直接体验和亲身参与，注重动手实践、手脑并用，知行合一、学创融通，倡导“做中学”“学中做”的践行理念，激发学生参与劳动的主动性、积极性和创造性。注重引导学生从现实生活的真实需求出发，亲历情境、亲手操作、亲身体验，经历完整的劳动实践过程，避免单一、机械的劳动技能训练，避免简单的劳动知识讲解，避免缺少实践、过于泛化的考察探究。注重引导学生通过设计、制作、试验、淬炼、探究等方式获得丰富的劳动体验，习得劳动知识与技能，感悟劳动价值，培育劳动精神。

第七，注重综合评价。注重评价内容多维、评价方法多样、评价主体多元，既要关注劳动知识技能，更要关注劳动观念、劳动习惯和品质、劳动精神；既要关注劳动成果，更要关注劳动过程表现。重视平时表现评价与学段综合评价结合，定性评价与定量评价结合。以教师评价为主，鼓励学生、其他学科教师、家长等参与到评价中。

第八，强化课程实施的安全保障。特殊学生因身体有不同程度的听觉、视觉、触觉、智力或精神方面的残疾，导致他们的安全意识不够强，自我保护能力弱。因此，需要重视劳动课程的安全保障体系建设，强化学生劳动安全意识的培养，注重劳动课程实施中工具、材料、流程及场所的安全保障，制定劳动实践活动风险防控预案并建立应急与事故处理机制，确保劳动课程安全有序实施。

六、特殊学校劳动教育形式

特殊学校劳动教育的实施形式主要有劳动教育相关课程、校内劳动、校外劳动、家务劳动等。

第一，劳动教育课程。1956年，教育部发布《关于聋哑学校使用手势教学的班级的学制和教学计划问题的指示》，明确指出聋哑学校的课程设置应当包括手工劳动课程和增加职业劳动课程。1998年，《特殊教育学校暂行规程》指出，特殊教育学校要特别重视劳动教育、劳动技术教育和职业教育。2007年，教育部分别发布培智学校、盲校和聋校的义务课程设置实验方案，规定了不同年级劳动技能课程在总课程中的占比。2016年，在培智学校、盲校和聋校的义务教育课程标准中，劳动课程的设置更加明确，尤其是在培智学校的课程设置中，劳动技能课程划分得更加细致。劳动技能课程按九年义务教育一贯制进行整体设计，以个人生活为基础，向家庭生活、学校生活、社区生活和社会生活不断延伸扩展，分为4类主要技能（自我服务劳动技能、家务劳动技能、公益劳动技能和简单生产劳动技能）17个项目。这些项目在低、中、高年级3个学段有不同的要求，难度层层递进。课程标准要求学生学会清洗衣物、打扫卫生、浇花、缝纫、种植和养殖等劳动技能，根据低年级、中年级和高年级循序渐进地学习。

第二，校内劳动。2020年，中共中央、国务院印发了《关于全面加强新时代大中小学劳动教育的意见》（以下简称《意见》），就全面贯彻党的教育方针，加强大中小学劳动教育进行了系统设计和全面部署。《意见》明确提出，实施劳动教育的重点是在系统的文化知识学习之外，有目的、有计划地组织学生参加日常生活劳动、生产劳动和服务性劳动，让学生动手实践、出力流汗，接受锻炼、磨炼意志，培养学生正确的劳动价值观和良好的劳动品质。2015年，《关于加强中小学劳动教育的意见》指出：要在学校日常运行中渗透劳动教育，积极组织学生参与校园卫生保洁和绿化美化劳动，普及校园种植的劳动技能；开辟专门区域种植花草树木或农作物，让班级、学生认领绿植或“责任田”，予以精心呵护，有条件的学校可适当开展养殖；大力开展与劳动有关的兴趣小组、社团、俱乐部活动，进行手工制作、电器维修、班务整理、室内装饰、勤工俭学等实践活动；

广泛组织以劳动教育为主题的班团队会、劳模报告会、手工劳技展演，提高学生劳动意识。由此可以看出，校内劳动的形式丰富多样，关键是学校要积极创造条件。在开展校内劳动过程中，要明确教学目标、活动设计、工具使用、考核评价、安全保护等劳动教育要求，并要求师生一起进行此项劳动。

第三，校外劳动。《大中小学劳动教育指导纲要（试行）》指出，劳动教育是新时代党对教育的新要求，是我国高质量发展教育体系的重要内容，是全面发展教育体系的重要组成部分，是大中小学必须开展的教育活动。它具有鲜明的思想性，必须始终贯彻马克思主义劳动观，强调劳动是一切财富、价值的源泉，劳动者是国家的主人，一切劳动和劳动者都应该得到鼓励和尊重；倡导通过诚实劳动创造美好生活、实现人生梦想，反对一切不劳而获、崇尚暴富、贪图享乐的错误思想。具有突出的社会性，必须加强学校教育与社会生活、生产实践的直接联系，发挥劳动在个人与社会之间的纽带作用，引导学生认识社会，增强社会责任感；同时注重让学生学会分工合作，体会社会主义社会平等、和谐的新型劳动关系。具有显著的实践性，必须面向真实的生活世界和职业世界，引导学生以动手实践为主要方式，在认识世界的基础上，获得有积极意义的价值体验，学会建设世界，塑造自己，实现树德、增智、强体、育美的目的。校外是一片广阔的天地，是一个劳动大课堂，也是校内劳动的重要补充。《关于加强中小学劳动教育的意见》指出，要将校外劳动纳入学校的教育工作计划，小学、初中、高中每个学段都要安排一定时间的农业生产、工业体验、商业和服务业实习等劳动实践。充分利用劳动教育实践基地、综合实践基地和其他社会资源，结合研学旅行、团日队日活动和社会实践活动，加强城乡学生交流，组织学生学工学农。城镇学校可结合实际情况组织学生参加公益劳动与志愿服务，农村学校可结合实际情况在农忙时节组织学生帮助家长进行适当的农业生产劳动。具体做法包括：组织学生到校外劳动实践基地体验生产劳动，到工厂企业体验生产劳动，到商业和服务业体验实习实践活动，参与社区、公共志愿服务实践活动，等等。

第四，家务劳动。《关于全面加强新时代大中小学劳动教育的意见》指出，家庭要发挥在劳动教育中的基础作用。注重抓住衣食住行等日常生活中的劳动实践机会，鼓励孩子自觉参与、自己动手，随时随地、坚持不懈进行劳动，掌握洗衣做饭等必要的家务劳动技能，每年有针对性地学会1至2项生活技能。家庭要树立崇尚劳动的良好家风，家长要通过日常生活的言传身教、潜移默化，让孩子养成从小爱劳动的好习惯。家务劳动一直是我国家庭教育的优良传统。家长在配合学校做好家务劳动教育方面需要注意以下几点：家长要深刻领悟家务劳动的育人价值；家长应根据孩子的身心发育特点和特长布置任务；家务劳动内容切合特殊孩子的生活需要；家校共育，家务劳动教育交流常态化。

第三章　湛江市特殊教育学校劳动教育课程

湛江市特殊教育学校创办于1988年，是湛江市目前集听力残疾、视力残疾、智障及自闭症儿童教育于一体的综合性特殊教育学校，现实行学前、小学、初中、职高于一体的办学模式，是湛江市教育局主管的市直属学校。学校本着“一切为了学生平等参与和健康发展的未来生活奠基”的办学理念和培养“残而有为，全面发展”的育人目标，全面贯彻国家教育方针，全面实施素质教育，突出劳动技术教育、职业教育和体艺教育的办学特点。学校先后获得“全国教育系统先进单位”“第二批广东省劳动特色学校”等称号。

第一节　劳动课程的背景

劳动教育是我国高质量发展教育体系的重要内容，是全面发展教育体系的重要组成部分，对全面贯彻党的教育方针、落实立德树人根本任务、培养德智体美劳全面发展的社会主义建设者和接班人具有重要的意义。

劳动课程是实施劳动教育的重要途径，具有鲜明的思想性、突出的社会性和显著的实践性，在劳动教育中发挥主导作用。劳动课程以丰富开放的劳动项目为载体，有目的、有计划地组织学生参加日常生活劳动、生产劳动和服务性劳动，让学生动手实践、出力流汗，接受锻炼、磨炼意志，培养学生正确的劳动价值观和良好的劳动品质。

湛江市特殊教育学校创建于1988年，1992年增设盲生部，2009年增设培智部，原名湛江市聋哑学校、湛江市盲童学校，2004年更名为“湛江市特殊教育学校”。2006年设立高中部，是集学前康复教育、九年制义务教育、高中职业教育于一体，招收听障、视障、智障、自闭症和多重残疾儿童的综合性全日制特殊教育学校。学校目前有听障（学前至高中）、视障（义务教育至高中）、培智（义务教育至高中）在校学生660多名。

劳动教育之于特殊学生，具有与普通学校相同的树德、增智、健体、育美、创新的育人功能，同时可以帮助特殊学生发掘潜能、补偿缺陷，达到矫正和康复身心的目的。自学校成立以来，劳动课程一直是重点课程，也是特色课程。学校在自我服务劳动、志愿服务劳动、手工工艺劳动以及盲人中医按摩推拿劳动等方面取得显著成绩。2019年获得“全国教育系统先进集体”称号，同年被定为广东省、湛江市教育系统垃圾分类教育基地，2022年被评为广东省第二批劳动特色学校。虽然学生们身心存在不同类别的残疾，但在老师和家长的共同培育下，他们大多能克服身心障碍，顽强拼搏，用劳动成就美好，奋力书写人生新篇章。

第二节 劳动课程的目标

特殊学校的劳动课程目标与普通学校既有共同的普遍性，又有各自的特殊性。普遍性是劳动课程都围绕核心素养，体现课程性质，反映课程理念再确立课程目标。特殊性是根据特殊学生的实际情况，将劳动课程目标分为聋生、盲生劳动课程目标和培智生劳动技能课程目标。

一、聋生、盲生劳动课程目标

劳动课程要培养的核心素养，即劳动素养，主要是指学生在学习与劳动实践过程中逐步形成的适应个人终身发展和社会发展需要的正确价值观、必备品格和关键能力，是劳动课程育人价值的集中体现，主要包括劳动观念、劳动能力、劳动习惯和品质、劳动精神。劳动素养的4个方面相互联系、相辅相成，构成一个有机整体。

聋生、盲生劳动课程目标如下：

第一，形成基本的劳动意识，树立正确的劳动观念。形成对劳动与人类生活、社会发展、个人成长之间关系的正确认识，懂得人人都要劳动、劳动创造财富、劳动创造美好生活等基本道理；感悟劳动的艰辛和快乐，形成劳动效率意识、劳动质量意识；具有热爱劳动、热爱劳动人民、尊重劳动者的积极情感；树立劳动最光荣、劳动最崇高、劳动最伟大、劳动最美丽的观念。

第二，发展初步的筹划思维，形成必备的劳动能力。能从目标和任务出发，系统分析可利用的劳动资源和约束条件，制定具体的劳动方案，发展初步的筹划思维，发展基本的设计能力；能使用常用工具与基本设备，采用一定的技术、工艺与方法，完成劳动任务，掌握基本的动手能力；能综合运用多学科知识和多方面经验解决劳动中出现的问题，发展创造性劳动的能力；在劳动过程中学会自我管理、团队合作。

第三，养成良好的劳动习惯，塑造基本的劳动品质。能自觉自愿地劳动，养成安全规范、有始有终的劳动习惯；体悟劳动成果的来之不易，珍惜劳动成果；能辛勤劳动、诚实劳动、协作劳动和创造性劳动，塑造吃苦耐劳、持之以恒、责任担当的品质。

第四，培育积极的劳动精神，弘扬劳模精神和工匠精神。通过持续性劳动实践，培养勤俭、奋斗、创新、奉献的劳动精神；继承中华民族勤俭节约、敬业奉献的优良传统；弘扬爱岗敬业、甘于奉献的劳模精神和精益求精、追求卓越的工匠精神；培养不畏艰辛、锐意进取、为社会发展和国家建设付出辛勤劳动的奋斗精神。

第五，补偿学生身心缺陷，为将来平等参与社会，成为自食其力的合格的劳动者打下坚实的基础。

二、培智生劳动技能课程目标

培智生劳动技能课程总目标是：学生通过自我服务劳动、家务劳动、公益劳动和简单生产劳动技能的学习，形成独立或半独立的生活能力，为平等参与社会生活和就业奠定基础。

培智生劳动技能课程总目标有3个分目标：

第一，知识与技能目标。掌握自我服务劳动、家务劳动和公益劳动的知识与技能；认识常见的材料和工具，掌握简单的加工技术；初步掌握一门简单的通用生产技术；初步了解残疾人劳动就业的相关知识和求职的方法、技巧。

第二，过程与方法目标。能协调运用肢体和感官参与活动，观察和分析事物；具有对劳动技能进行模仿和实际操作的能力；改善认知功能，提高精细动作水平和交流合作能力；自觉遵守劳动安全规则；养成良好的劳动习惯；初步具有独立或半独立生活的能力。

第三，情感态度与价值观目标。通过丰富的劳动体验，初步形成对劳动的正确认识；具有热爱劳动、热爱人民、热爱生活、热爱家乡的思想感情；具有认真负责、遵守纪律、勤俭节约、爱护公物、珍惜劳动成果、团结协作的品质；具有劳动意识和良好的意志品质；具有一定的质量意识、安全意识、审美意识、环保意识和法律意识。

培智生劳动技能课程学段目标如下：

第一，低年级（1—3年级）。

低年级是劳动技能的启蒙阶段，课程侧重于以学生个体为中心，以整理和清洗个人物品为重点制定目标，培养学生的劳动意识，为形成良好的劳动习惯奠定基础。

第二，中年级（4—6年级）。

中年级侧重以个体和家庭为中心，进一步提高自我服务劳动技能和家务劳动技能，增强劳动兴趣、形成良好的劳动态度、培养热爱劳动的情感，初步具有解决实际问题的应用能力。

第三，高年级（7—9年级）。

高年级是劳动技能的提升阶段，劳动服务场所由家庭、学校扩大到社区和社会，在熟练掌握家务劳动技能的基础上，学习初步的职业知识和技能，增强热爱劳动的情感，培养良好的劳动习惯，提高劳动技能的综合运用能力。

第三节　聋生劳动课程的内容

湛江市特殊教育学校的劳动课程内容先是参考普通教育小学和中学的劳动课教学大纲设置的。

在创办初期，湛江市特殊教育学校课程教学计划参照《全日制聋校课程计划（试行）》，劳动教育课程的开设主要参照普通学校的小学劳动课教学大纲。

1992年湛江市特殊教育学校盲生部招生，课程教学计划特别是劳动课程教学计划参照《调整后的九年义务教育全日制聋校课程安排表（试行）》执行。每周劳动课，小学2节，初中4—6节。

1998年12月，教育部颁布了《特殊教育学校暂行规程》，湛江市教育委员会从普校选调了陈堪昌同志到湛江市特殊教育学校担任校长，根据规程中“特殊教育学校要特别重视劳动教育、劳动技术教育和职业教育”的要求，在保持湛江市特殊教育学校聋、盲小学原有劳动课程大体不变的前提下，对聋、盲生初高中劳动技术课程进行改革、深化和创新，使课程更加适合学生的实际发展需要。

2001年，《关于“十五”期间进一步推进特殊教育改革和发展的意见》发布。2007年，《聋校义务教育课程设置实验方案》《盲校义务教育课程设置实验方案》《培智学校义务教育课程设置实验方案》发布，表明国家正积极构建义务特殊教育质量评价体系。

湛江市特殊教育学校高中部于2006年成立。湛江市特殊教育学校的聋生劳动教育课程主要依据教育部《聋校义务教育课程标准（2016年版）》，参考《义务教育劳动课程标准（2022年版）》，并结合省、市特殊教育发展提升计划以及地方、学校劳动资源、师资力量和学生的发展实际情况进行设置，主要分义务教育国家必修课程、义务教育和职业高中校本选修课程和职业高中校本特色课程。

一、聋生义务教育劳动技术（职业技术）课程

聋生小学劳动技术（职业技术）课程内容安排如下：

1—2年级：

1. 自我服务劳动

学会洗手、洗脸、刷牙、洗脚、剪指甲等，能初步搞好个人卫生。能穿脱衣服、系鞋带，会洗小件衣物。学会削铅笔、钉本子、包书皮等，能对自己的学习用品进行分类整理和保管。

2. 家务劳动

学会铺床、叠被、刷洗碗筷、茶杯等，能帮助家长做一些力所能及的事情。

3. 公益劳动

学会擦黑板、玻璃，扫地、抹桌椅，开关门窗，在老师的指导下当好值日生，搞好室内外公共卫生。

4. 生产劳动

认识当地几种主要的农作物和畜、禽等动物。能给树木、花草浇水。

3—4年级：

除继续完成1—2年级劳动课内容以外，根据学生的实际，增加一些力所能及的家务劳动、公益劳动和简单的生产劳动。通过这些劳动项目的教学和实践，使学生进一步认识劳动光荣，培养学生具有良好的生活习惯和关心集体、爱护公物的品德，基本上做到自己的事情自己做，家庭的事

情积极做，集体的事情主动做。

5—6年级：

1.自我服务劳动

能自己洗头、洗澡，学会洗小件衣服，学习使用针线、剪刀，会钉纽扣等。会使用小刀按要求把纸裁整齐。保持学习用品整齐、美观。

2.家务劳动

了解厨房的卫生常识，学会洗刷餐具、茶具，会择菜、洗菜、淘米等。在家长指导下，学会安全使用炉具，能烧开水和给饭菜加热。会整理房间。

3.种植和饲养

结合自然课和社会适应课所学知识，种植向日葵、蓖麻等南方常见植物。认识本地几种主要的农业机械和简单的农具，知道本地的农时季节，会用简单的小农具。学会浇水、除草、捉害虫以及当地农林产品的采集等简单劳动。能用所学知识和技能管理校园花卉和幼树。学习一些常见家禽（或家畜，比如鸡、鸭、牛、羊以及其他小动物）的饲养常识。

4.常用工具的使用

认识并会使用锤子、钳子、螺丝刀等常用工具，修理玩具、教具和其他简单用具。

5.家用电器的使用

初步了解收音机、电视机和电风扇等家用电器的使用方法，了解安全用电常识。能自己开、关这些电器。

6.公益劳动

会使用简单工具搞好绿化、美化学校环境，帮助烈属、军属、残疾人和孤寡老人打扫庭院或干一些力所能及的事情。在参加这些劳动的过程中，学生初步认识劳动创造社会财富，劳动没有高低贵贱之分。培养学生热爱劳动、热爱劳动人民的思想感情和勤劳俭朴、珍惜劳动成果的品德，逐步养成爱劳动的好习惯。

聋生初中劳动技术（职业技术）课程内容安排如下：

七年级：

1.绿化、环境卫生、主题劳动、公益劳动

2.工艺制作（剪纸、做纸花、纸塑、泥塑、布贴）

3.园艺（花卉、蔬菜和药用植物的栽培与管理技术）

4.家政（洗衣服、手工缝补衣服、房间布置和整理、一两种主食和副食的制作）

5.木工（划线工具及用法、手工锯割方法、木书桌和木椅子制作）

八年级：

1.绿化、环境卫生、主题劳动、公益劳动

2.自行车的维修、保养、常见故障的检查与排除方法

3.木工（划线工具及用法、手工锯割方法、木书桌和木椅子制作）

4.编织（绣花、毛线制品、草编)

5.服装裁剪及缝制(测量、制图、服装缝制的基本方法、布艺裁剪与缝制）

6.种植（常见蔬菜种植技术、校园绿化苗圃管理）

7.家政（家庭简单的烹饪技术）

九年级：

1.家庭常用电器的使用方法

2.种植（常见蔬菜种植技术、校园绿化苗圃管理）

3.木工（划线工具及用法、手工锯割方法、木书桌和木椅子制作）

4.金工（简单金工制品的制作）

5.家政（家庭简单的烹饪技术）

6.服装裁剪及缝制（测量、制图、服装缝制的基本方法、布艺裁剪与缝制）

7.绿化、环境卫生、主题劳动、公益劳动、理发

二、聋生高中“高考班、职教班”的劳动课程

聋生高中部分高考班和职教班，劳动课程设置不同：高考班由“常态化劳动（校园绿化、环境卫生、公益劳动、主题劳动）+专业（高考计算机技术或者绘画）必修和兴趣”组成；职教班由“常态化劳动+职业必修（烹饪、面点、工艺雕刻）和选修（金工、木工、缝纫）”组成。

聋生高中部一年级：

高考班（职业体验）：

1.校园绿化、环境卫生、公益劳动、主题劳动

2.必修（高考计算机应用、高考绘画）

3.兴趣（木工、金工、缝纫）

职教班（职业技术）：

1.校园绿化、环境卫生、公益劳动、主题劳动

2.必修（烹饪、面点、餐厅服务、计算机技术）

3.选修（金工、木工、缝纫）

聋生高中部二年级：

高考班（职业体验）：

1.校园绿化、环境卫生、公益劳动、主题劳动、就业指导

2.必修（高考计算机应用、高考绘画）

3.兴趣（木工、缝纫）

职教班（职业技术）：

1.校园绿化、环境卫生、公益劳动、主题劳动、就业指导

2.必修（烹饪、面点、餐厅服务、计算机技术）

3.选修（金工、木工、缝纫）

聋生高中部三年级（2009年夏季有首届毕业生）：

高考班（职业体验）：

1.校园绿化、环境卫生、公益劳动、主题劳动、就业指导

2. 必修（高考计算机应用、高考绘画）

职教班（职业技术）：

1. 校园绿化、环境卫生、公益劳动、主题劳动、就业指导

2. 学校食堂实习、工艺雕刻厂及其他企业实习

三、新时代劳动课内容

第一，义务教育国家课程。

品德与生活（1—2 年级，活动性综合性课程）；

品德与社会（3—6 年级，社会性、发展性、综合性课程）；

思想品德课（7—9 年级，社会性、发展性、综合性课程）；

美术（1—9 年级，基础性学科融合课程）和律动（1—3 年级，促进全面发展的课程）。

第二，校本（必修、选修）课程。

1. 自我服务劳动（1—6 年级）

（1）整理与收纳、室内外保洁与美化；

（2）生物、化学与植物四季种植与养护；

（3）家用电器使用与维护；

（4）公益劳动与志愿服务、社会实践。

2. 职业启蒙课程（7—9 年级）

（1）整理与收纳、室内外保洁与美化；

（2）生物、化学与植物四季种植与养护；

（3）工农业生产劳动与物理应用；

（4）传统工艺制作（陶艺、布艺、缝纫、地方美食）；

（5）家用电器使用与维护；

（6）公益劳动与志愿服务、社会实践。

3. 兴趣活动课程

（1）摄影艺术、陶艺、版刻、饰艺（7—12 年级）；

（2）美术与手工、绳结、综合实践（1—9年级）。

4.家校协同劳动课程

假日家务劳动、家庭生产劳动实践。

5.校本特色课程

专业技能课程：

（1）民族工艺（竹木牌匾雕刻、版刻），职高班必修，高考班选修；

（2）中西面点、烹饪与营养，职高班必修，高考班选修；

（3）工艺美术、信息技术，高考班必修，职高班选修。

课外兴趣课程（选修）：

（1）摄影、面点制作、烹饪、食品雕刻、漆画等；

（2）非遗传承（东海人龙舞、雷州石狗线描和版刻等）。

岗位实习课程：

（1）校园百岗实训；

（2）校外企事业单位实习。

目前，湛江市特殊教育学校聋生劳动课程已经形成体系。

第四节　盲生劳动课程的内容

1992年湛江市特殊教育学校增设盲生部。当时，教学大纲没有专门针对盲生的劳动教育目标，只有课程计划中简单地提到促进学生身体功能改善，提高生活自理能力，增强社会适应能力，使学生自尊、自信、自强、自立。因此，盲生的劳动课程目标主要参考湛江市特殊教育学校聋生的“自我服务劳动、家务劳动、校园公益劳动”等项目的目标，再根据学生的个人实际情况，由生活教师、宿舍管理员和班主任开展个别化的生活自理能力、劳动意识和劳动能力指导。2007年，教育部印发《盲校义务教育课程设置实验方案》。2016年，教育部发布《盲校义务教育课程标准》，未设置独立的劳动课程，而是在品德与生活、品德与社会、综合康复、社会适应等课程中多次就劳动的内容提出要求，注重让视障学生融入社会、服务社会。因此，湛江市特殊教育学校盲生劳动课程，自新时代以来，一直处于大力探索中。

一、创办初期盲生劳动课程

湛江市特殊教育学校创办之初，就把盲生的劳动技能课作为盲生教育的一个重点。

根据学生的实际情况，从一年级开始开设了认识初步与生活指导、劳动和劳动技术课程，课程贯穿整个学习阶段，具体内容则由易到难。低年级的劳动技能教育主要整合到认识初步与生活指导课中，主要培养学生的生活自理能力，帮助学生掌握自我服务的劳动技巧。同时，适量安排学生参加校园服务劳动、社会公益活动，培养正确的劳动观和良好的劳动习惯。中、高年级盲生开设手工课、编织课、按摩基础手法课等，让他们学会简单地敲、打、剪等操作技巧，了解刀、剪、锤等基本手工工具。在学生升入初中后，开设劳动职业技术培训课，着重教授学生按摩、推拿、针灸以及调音等专业的知识，并据此设定相应的技能目标。

1—6年级目标：争取家长的积极配合，通过对学生进行生活适应、生活自理能力常规训练，提高学生的自我服务劳动能力，组织学生参加一些力所能及的校园公益劳动（宿舍、教室和公共区值日保洁）实践，各学科教学进行劳动教育渗透和班队活动，培养学生关心集体、爱护公物的好品德，引导学生自己的事情自己做、班级的事情主动做、同学的事情帮助做，认识到劳动光荣，养成热爱劳动的思想情感。

7—9年级目标：这个阶段，除了达到小学阶段的目标之外，要求学生参加一些力所能及的家务劳动、公益劳动（校园、社区学雷锋）和简单的生产劳动（制作珠链、编织鞋子、编织手袋等）。通过这些劳动项目的教学和实践，使学生克服障碍，发展自身劳动潜能，体验到劳动可以自立谋生、能创造更多的社会财富，从而进一步认识到劳动光荣、劳动没有高低贵贱之分，养成热爱劳动、热爱劳动人民的思想感情和勤劳俭朴、乐于助人的优良品德。

劳动课的课时计划，随着盲校国家劳动课程计划进行同步调整：

1—3年级开设“认识初步与生活指导”课，每周2节，主要内容是自我服务劳动、手工劳动（串珠、编织）、家务劳动、公益劳动（校园生活适应劳动）。

4—6年级开设劳动课，每周2节，在继续巩固1—3年级内容的基础上，按照课时加大手工劳动和校园工艺劳动内容，开始学习简单的按摩手法基础、职业体验（到医院实训见习）等。

7年级及其后开设劳动技术课和就业指导课，每周3—4节，学生除了要继续做好小学阶段全部劳动内容之外，主要学习按摩推拿技术、职业体验和按摩实训。

二、21世纪初盲生调整劳动课程

21世纪初，湛江市特殊教育学校调整了盲生劳动课程，对应为生活指导课、劳动技术课、职业技术课及综合实践活动课。

1—3年级生活指导课，每周1节。

4—6年级劳动技术课，四、五年级每周1节，六年级每周2节。内容为自我服务劳动、校园公益劳动（宿舍、教室及校园卫生保洁）、手工编织。

7—9年级职业技术课，每周4节。内容为自我服务劳动、校园公益劳动（宿舍、教室及校园卫生保洁）、手工编织、按摩职业体验、中医保健职业体验。

高中一年级职业技术课，每周6—9节。内容为自我服务劳动、校内外公益劳动（宿舍、教室及校园卫生保洁、校外按摩志愿服务）、手工编织、按摩职业技术、中医康复与保健技术。

高中二年级职业技术课，每周6—9节。内容为自我服务劳动、校内外公益劳动（宿舍、教室及校园卫生保洁、校外按摩志愿服务）、手工编织、按摩职业技术、中医康复与保健技术。

高中三年级职业技术课，每周6—9节。内容为自我服务劳动、校内外公益劳动（宿舍、教室及校园卫生保洁、校外按摩志愿服务）、按摩职业技术、中医康复与保健技术。

另外，各班每周设置1节劳动课。学校充分利用综合实践活动课程和业余活动时间，加强学生按摩基础手法的训练和手工编织兴趣培养，增加开设中医保健理论、人体结构等校本课程，加强学生职业启蒙、职业体验训练，提高学生的劳动技术水平和职业就业能力。

三、新时代以来盲生构建劳动课程

第一，义务教育国家必修课程。

1.实践性、补偿性课程：综合康复（1—3年级）

2.综合性活动课程：社会适应（个人适应、家庭适应、学校适应、社会适应，4—9年级）

3.缺陷补偿性特色课程：定向行走（1—3年级）

4.综合实践、人文创新性课程：信息技术（1—9年级）

第二，校本（必修、选修）课程。

1.自我服务劳动（1—6年级）

（1）整理与收纳；

（2）洗涤与清洁；

（3）家用电器使用。

2.职业启蒙课程（7—9年级）

（1）校园清洁卫生；

（2）烹饪与营养；

（3）按摩手法基础；

（4）公益劳动与志愿服务；

（5）社会实践。

第三，家校协同劳动课程（1—9年级，以及高一、高二、高三年级）：假日家务劳动、家庭生产劳动实践。

第四，校本特色课程（专业选修、必修）。

1.职业体验劳动（职业高中校内实训）：中医推拿、伤科推拿、经络腧穴、火罐刮痧、按摩理疗、校内外志愿服务

2.岗位实习：校外按摩店实训、基地单位实习

目前，湛江市特殊教育学校盲生劳动教育课程体系已经初步建构。

第五节　培智生劳动技能的内容

2009年，湛江市特殊教育学校培智部成立。2016年，《培智学校义务教育课程标准》颁布。但是，涉及的劳动课程仍处于摸索阶段。近年来，湛江市特殊教育学校初步构建了培智生的劳动课程体系，在1—3年级劳动技能课程教学计划制定方面卓有贡献。

一、培智生劳动技能课程早期内容

2009年，湛江市特殊教育学校培智部成立后，劳动技能课程的教学内容按照“因地制宜，结合地方特点，教给学生最实用的劳动技能，为学生的自食其力打下坚实的基础”等原则开设。当时的劳动技能课程主要参考国内和省内的兄弟学校的劳动技能课程并结合学生的实际开展，与劳动技能相关的劳动课程有生活语文、生活数学、生活适应、劳动技能、手工劳动、综合实践等国家规定的课程，十字绣、环保手工（利用垃圾分类可回收资源制作）、室内水养种植、编织、扎染、装饰DIY等校本课程。

2016年，颁布了《培智学校义务教育课程标准》，但教材是逐步推出的，而且至今也只出版了1—5年级的生活语文、生活数学、生活适应3个科目教材，劳动技能的配套课程还没有出版。湛江市特殊教育学校的劳动

技能课程始终贯彻“国家课程校本化”的精神，依据课程性质和基本理念，遵照特殊教育规律，按照1—3年级、4—6年级、7—9年级3个学段进行课程设计，从“知识与技能”“过程与方法”“情感态度与价值观”3个维度制定课程目标，在每个学段设置“自我服务劳动技能、家务劳动技能、公益劳动技能、简单生产劳动技能”4个类别的内容。为避免与生活适应内容出现重叠交叉现象，1—3年级自我服务劳动技能内容的选择上，强调技术在生活中的应用，突出劳动知识的普及、基本劳动技能的训练、生活适应能力的培养。

同时，依据学生身心发展规律和课程设置目的制定总目标和学段目标。在内容选择上，坚持以下原则：

第一，坚持生活性原则。劳动技能课程内容来源于生活，要选取学生现实生活所需、对未来发展有益的资源进行加工与改造，突出直观性和可操作性。课程内容的安排要以学生个体为中心，将劳动技能学习的范围由学生自身逐步扩大到家庭、学校、社区和社会。

第二，坚持整合性原则。侧重于劳动技能课程与其他课程相互配合，在保持基础性、通用性和渐进性的基础上，弱化学科界限，注重课程内容的综合性和学习材料呈现方式的多样性，加强与相关学科的联系，加强本学科内各项目、各内容之间的整合，体现劳动技能训练与教育康复相结合。

第三，坚持系统性原则。劳动技能课程遵循培智儿童动作和认知的发展规律，结合劳动技能学科的特性、课程内容从低年级到高年级技能的精细度逐步提高，由易到难、由简到繁，构建本课程的内容体系。

第四，坚持多样性原则。课程内容体现地方特色，结合学生的生活背景和能力水平，既面向全体又兼顾差异；并且内容与时俱进，在习得劳动技能的基础上，注重现代科技在生活中的应用，拓宽学生视野，提升活动效能。课程内容分为基础性内容和拓展性内容两部分：基础性内容是学生生活必须掌握的内容；拓展性内容是为部分学生提升能力而提供的学习内容，有条件的地区或学校可根据学生实际能力选择实施。

第五，坚持实践性原则。劳动技能课程是一门实践性较强的学科，课程内容来源于生活，要求学生亲自动手操作和进行实际应用。课程内容应兼顾知识学习和技能学习，并以技能学习为主，坚持知识讲解与生活实践相结合。

遵照学生身心发展的阶段性特征，劳动技能课程划分三个学段，并按照三个学段分别制定课程目标、设计课程内容，从而形成依次递进、前后衔接的课程结构，满足学生的发展需求，体现学科特点。

二、新时代以来培智生劳动技能课程

第一，义务教育国家一般性课程。

1.劳动技能

（1）自我服务劳动：使用物品、整理物品、洗涤物品、移动物品；

（2）家务劳动：使用物品、清洁物品、洗涤晾晒、厨房劳动；

（3）公益劳动：校内劳动、社区劳动；

（4）简单生产劳动：使用工具、手工劳动、编织缝纫、种植、养殖、畜牧技术、职业准备。

2.生活适应

3.假日家庭劳动（劳动衔接课程）

4.绘画与手工（基础性劳动融合课程）

第二，校本（职业高中）一般性课程。

1.专业训练：酒店服务与管理、家政服务与管理、计算机应用、面点制作、中餐烹饪、社区公共事务管理

2.岗位实习：校园百岗实训、校外企事业单位实习

第三，校本（义务教育）选择性课程：职业启蒙、艺术休闲、信息技术、四季种植、假日家务劳动、家校协同家庭生产劳动训练。

第四，校本（职业高中）选择性课程：休闲娱乐、社会实践、四季种

植、工作生活、劳动技能与长训练。

上述内容中，对于“劳动技能”的4项，特别说明如下：

自我服务劳动技能目标是培养学生在日常生活中妥善照料自己的能力，包括使用、整理和清洁个人物品等技能。课程内容分为“使用物品、整理物品、洗涤物品、移动物品”4个项目。学生通过学习自我服务劳动技能有助于学生形成劳动意识，养成动手习惯，提高生活自理能力，为从事其他各类劳动奠定基础。

家务劳动技能是为了培养学生适应家庭生活、从事家务劳动的能力。课程内容包括“使用物品、清洁整理、洗涤晾晒、厨房劳动”4个项目，与自我服务劳动的内容有所交叉，但家务劳动重在适应家庭生活的需要，培养学生的家庭责任感，为将来融入社会，参与社会生活奠定基础。

公益劳动技能目的是让学生通过劳动获得直接服务并有益于社会的无偿劳动所包含的能力，此类内容包括校内劳动和社区劳动两个项目。目前湛江市特殊教育学校选取公益劳动的场所多为学校校园和校内公共地区，如校园责任区、校内图书馆、食堂餐厅、大型会议室、社区公共服务区、新华书店、少儿图书馆等。通过公益劳动提高学生组织、合作和解决问题的能力，培养学生社会责任感和热爱集体、关爱他人、助人为乐、爱护公物等优良品质。

简单生产劳动技能是培智生7—9年级学生必须学习和适应的内容，目的是让学生在农业、工业和服务业的劳动实践中获得所需的劳动能力。帮助学生认识和使用常用劳动工具，学习农业、工业和服务业中基础的劳动技能，选择“使用工具、手工劳动、编织缝纫、种植、养殖、畜牧技术、职业准备”等项目，其中部分项目为拓展性内容。通过此类技能学习使学生掌握简单的生产劳动技能，为接受职业教育做好准备。

目前，培智生的劳动技能课程体系初步建立，但仍在不断优化中。

三、培智生1—3年级劳动技能课程教学计划示例（见表1—表6）

表1　培智生1—3年级劳动技能教学计划（一年级上）

<table>
<tr><th colspan="2">主题</th><th>内容</th><th>技能目标</th><th>指标</th></tr>
<tr><td rowspan="6">我会使用</td><td rowspan="6">用</td><td rowspan="3">使用书包</td><td>1.认识书包</td><td>0 未达(不配合)
1 能在辅助下看一看、指一指书包
2 能认识自己的书包
3 能认识自己和其他同学的书包</td></tr>
<tr><td>2.知道书包的功能</td><td>0 未达(不配合)
1 能观看介绍书包用途的课件
2 能指认哪些物品可以放进书包
3 凡符合下列之一者达3分
(1)知道书包的侧兜、大口袋、小口袋
(2)能知道书包可以用来放书、文具盒、水杯、雨伞等物品</td></tr>
<tr><td>3.知道使用书包的方法</td><td>0 未达(不配合)
1 能在辅助下调整书包肩带、开关拉链、背书包
2 能在单一辅助下调整书包肩带、开关拉链、背书包
3 能调整书包肩带、开关拉链、背书包</td></tr>
<tr><td rowspan="3">使用柜子</td><td>1.能认识柜子及功能</td><td>0 未达(不配合)
1 能在辅助下看一看、指一指柜子
2 能在辅助下指认或说出柜子
3 能在不提示情况下指认或说出柜子,并知道柜子是收纳物品的</td></tr>
<tr><td>2.能正确开关柜子</td><td>0 未达(不配合)
1 能在辅助下开关柜子
2 能在提示下开关柜子
3 能独立开关柜子</td></tr>
<tr><td>3.能够借助椅子开关有高度的柜子</td><td>0 未达(不配合)
1 能在辅助下借助椅子开关有高度的柜子
2 能在提示下借助椅子开关有高度的柜子
3 能在示范后借助椅子开关有高度的柜子</td></tr>
</table>

续　表

主题		内容	技能目标	指标
我会整理	叠	叠毛巾	1. 能够按照边对边、角对角重叠毛巾	0 未达(不配合) 1 能在辅助下将毛巾的边和角叠好 2 能在提示下将毛巾的边对边、角对角重叠 3 能在示范后将毛巾的边对边、角对角重叠
			2. 能够将毛巾叠成小方形	0 未达(不配合) 1 能在辅助下将毛巾叠成小方形 2 能在提示下将毛巾叠成小方形 3 能在示范后将毛巾叠成小方形
	整理收纳	整理玩具(球)	1. 能够认识箱子并知道其功能	0 未达(不配合) 1 能在辅助下看一看、指一指箱子 2 能在提示下指认或说出箱子 3 能指认说出箱子
			2. 认识常见的球	0 未达(不配合) 1 能在辅助下看一看、指一指乒乓球、篮球、足球 2 能在辅助下指认或说出乒乓球、篮球、足球 3 能在不提示情况下指认或说出乒乓球、篮球、足球
			3. 能够将球放到对应的箱子里	0 未达(不配合) 1 能在辅助下将球放到对应的箱子里 2 能在提示下将球放到对应的箱子里 3 够听指令将球放到对应的箱子里

续 表

主题		内容	技能目标	指标
我会打扫	擦	擦黑板	1. 知道擦黑板的工具	0 未达(不配合) 1 能在提示下注视(黑板擦、抹布)2秒以上 2 能在辅助下指认或说出黑板擦、抹布 3 凡符合下列之一者达3分 (1)能指认或说黑板擦、抹布 (2)知道黑板擦、抹布的功能
			2. 能够使用黑板擦擦黑板	0 未达(不配合) 1 能在辅助下使用黑板擦擦黑板 2 能在提示下使用黑板擦擦黑板 3 能在示范后使用黑板擦擦黑板
			3. 能够使用抹布擦黑板	0 未达(不配合) 1 能在辅助下使用抹布擦黑板 2 能在提示下使用抹布擦黑板 3 能在示范后使用抹布擦黑板
	扫	倒垃圾	1. 能将装有垃圾的垃圾袋拧出	0 未达(不配合) 1 能在辅助下将装有垃圾的垃圾袋拧出 2 能在提示下将装有垃圾的垃圾袋拧出 3 能在示范后将装有垃圾的垃圾袋拧出
			2. 能拧着垃圾袋扔到指定垃圾箱	0 未达(不配合) 1 能在辅助下拧着垃圾袋扔到指定垃圾箱 2 能在提示下拧着垃圾袋扔到指定垃圾箱 3 能在示范后拧着垃圾袋扔到指定垃圾箱
			3. 能根据垃圾的量倒垃圾	0 未达(不配合) 1 能在辅助下根据垃圾的量倒垃圾 2 能在提示下根据垃圾的量倒垃圾 3 能在示范后根据垃圾的量倒垃圾

续　表

主题		内容	技能目标	指标
我会晾洗	洗衣物	洗手帕	1. 认识手帕	0 未达(不配合) 1 能在辅助下看一看、指一指手帕 2 能在指示下指认或说出手帕 3 能在不提示情况下指认或说出手帕
			2. 能理解“拧”的动作	0 未达(不配合) 1 能在辅助下完成拧的动作 2 能在口头提示下完成拧的动作 3 能在不提示情况下完成拧的动作
			3. 知道洗手帕要用到的工具	0 未达(不配合) 1 能在辅助下准备洗手帕的工具(水、盆) 2 能在提示下准备洗手帕的工具(水、盆) 3 能独立准备洗手帕的工具(水、盆)
	洗食材	洗苹果	1. 认识苹果	0 未达(不配合) 1 能在辅助下看一看、指一指苹果 2 能在提示下指认或说出苹果 3 能在不提示情况下指认并说出苹果
			2. 知道清洗苹果的方法	0 未达(不配合) 1 能够在示范时观看清洗苹果的方法 2 能在提示下指认或说出清洗苹果的方法 3 能在不提示情况下指认清洗苹果的方法
			3. 能够完成洗苹果的步骤	0 未达(不配合) 1 能在辅助下洗苹果 2 能在提示下洗苹果 3 能在不提示情况下洗苹果

续 表

主题	内容	技能目标	指标
职业体验	穿大珠子	1. 学会穿大珠子（十颗以上）	0 未达（不配合） 1 能在辅助下用粗线穿大珠子 2 能在提示下用粗线穿大珠子 3 能在示范后用粗线穿大珠子
		2. 能够按照颜色穿珠子	0 未达（不配合） 1 能在辅助下根据线的颜色穿相同颜色的珠子 2 能在提示下根据线的颜色穿相同颜色的珠子 3 能在示范后根据线的颜色穿相同颜色的珠子

注：“指标”前项目的数字为分值，后同。

表2　培智1—3年级劳动技能教学计划（一年级下）

主题	内容	技能目标	指标
我会使用	使用学习用品	1.认识铅笔、转笔刀、橡皮擦	0 未达（不配合） 1 在展示铅笔、转笔刀、橡皮擦时有关注 2 凡符合下列之一者达2分 （1）能在辅助下指认或说出铅笔、转笔刀、橡皮擦 （2）能在辅助下指认或说出铅笔、转笔刀、橡皮擦的功能 3 凡符合下列之一者达3分 （1）能在不提示情况下指认或说出铅笔、转笔刀、橡皮擦 （2）知道铅笔、转笔刀、橡皮擦的功能

续　表

主题	内容	技能目标	指标
我会使用	使用学习用品	2.学习使用铅笔、转笔刀、橡皮擦的方法	0 未达(不配合) 1 能在示范时观看介绍铅笔、转笔刀、橡皮擦的使用方法 2 凡符合下列之一者达2分 (1)能在老师的辅助下区分学习用品 (2)能在老师的辅助下使用橡皮擦 3 凡符合下列之一者达3分 (1)能独立区分学习用品 (2)能独立使用转笔刀削笔 (3)能独立使用橡皮擦擦干净字画
		3.知道使用铅笔、转笔刀、橡皮擦的注意事项	0 未达(不配合) 1 能不排斥、不破坏、不乱扔铅笔、转笔刀、橡皮擦 2 凡符合下列之一者达2分 (1)能在提示下指认铅笔的危害 (2)能在提示下知道橡皮擦不能吃 3 凡符合下列之一者达3分 (1)能判断铅笔的危害 (2)能与他人共享自己的转笔刀 (3)能知道橡皮擦不能食用
	使用教室窗、门	1.认识教室的窗、门	0 未达(不配合) 1 能在提示下注视窗、门2秒以上 2 能在辅助下指认或说出窗、门 3 凡符合下列之一者达3分 (1)能指认或说出窗、门 (2)知道窗、门的特征
		2.学会使用窗、门	0 未达(不配合) 1 能在辅助下打开和关闭窗、门 2 能在提示下打开和关闭窗、门 3 能独立打开和关闭窗、门
		3.知道开关窗、门的注意事项	0 未达(不配合) 1 能在辅助下观看介绍使用窗、门的注意事项 2 能在辅助下指认或说出使用窗、门的注意事项 3 能独立指认或说出使用窗、门的注意事项

续 表

主题	内容	技能目标	指标
我会整理	叠红领巾	1. 能将红领巾的长角对折叠好	0 未达(不配合) 1 能在辅助下将红领巾的长角对折叠好 2 能在提示下将红领巾的长角对折叠好 3 能在示范后将红领巾的长角对折叠好
		2. 能将叠好的长角向中间对折	0 未达(不配合) 1 能在辅助下将叠好的长角向中间对折 2 能在提示下将叠好的长角向中间对折 3 能在示范后将叠好的长角向中间对折
		3. 能将短角对准三角的底边	0 未达(不配合) 1 能在辅助下将短角对准三角的底边 2 能在提示下将短角对准三角的底边 3 能在示范后将短角对准三角的底边
		4. 能将叠好的红领巾放在书包对应的夹层	0 未达(不配合) 1 能在辅助下将叠好的红领巾放在书包对应的夹层 2 能在提示下将叠好的红领巾放在书包对应的夹层 3 能在示范后将叠好的红领巾放在书包对应的夹层
	整理笔类	1. 能将笔放进笔筒里	0 未达(不配合) 1 能在辅助下将笔放进笔筒里 2 能在提示下将笔放进笔筒里 3 能听指令将笔放进笔筒里
		2. 能将不同的笔按照功能进行整理	0 未达(不配合) 1 能在辅助下按照笔的功能整理 2 能在提示下按照笔的功能整理 3 能按照功能独立完成笔的整理
		3. 能将整理好的笔分别放进笔袋	0 未达(不配合) 1 能看笔袋上的标识放对应的笔 2 能在提示下将笔放到对应标识的笔袋 3 能在辅助下将笔放到对应标识的笔袋

续　表

主题	内容	技能目标	指标
我会打扫	擦门	1. 知道擦门的工具	0 未达(不配合) 1 能在提示下注视(盆、抹布)2秒以上 2 能在辅助下指认或说出盆、抹布 3 凡符合下列之一者达3分 (1)能指认或说盆、抹布 (2)知道盆、抹布的功能
我会打扫	擦门	2. 学会擦门的方法	0 未达(不配合) 1 能在辅助下用抹布擦拭门 2 能在提示下用抹布擦拭黑板 3 能在示范后用抹布擦拭黑板
我会打扫	擦门	3. 知道借助椅子擦门的高处	0 未达(不配合) 1 能在辅助下借助椅子擦门的高处 2 能在提示下借助椅子擦门的高处 3 能在示范后借助椅子擦门的高处
我会打扫	套垃圾桶	1. 认识垃圾桶	0 未达(不配合) 1 能看一看、指一指垃圾桶 2 能在提示下指认或说出垃圾桶 3 能在不提示的情况下指认或说出垃圾桶
我会打扫	套垃圾桶	2. 能够打开垃圾袋	0 未达(不配合) 1 能在辅助下打开垃圾袋 2 能在提示下打开垃圾袋 3 能独立打开垃圾袋
我会打扫	套垃圾桶	3. 能够将垃圾袋套在垃圾桶上	0 未达(不配合) 1 能在辅助下将垃圾袋套在垃圾桶上 2 能在提示下将垃圾袋套在垃圾桶上 3 能独立将垃圾袋套在垃圾桶上
我会晾洗	洗抹布	1. 认识抹布及功能	0 未达(不配合) 1 能在辅助下看一看、指一指抹布 2 能在辅助下指认或说出抹布 3 能在不提示的情况下指认或说出抹布并知道抹布的功能

续 表

主题	内容	技能目标	指标
我会晾洗	洗抹布	2.学会拧抹布	0 未达(不配合) 1 能在辅助下完成拧的动作 2 能在口头提示下完成拧的动作 3 能在不提示的情况下完成拧的动作
		3.知道洗抹布所用的工具	0 未达(不配合) 1 能在辅助下准备洗抹布的工具(洗洁精、水、盆) 2 能在视觉或口头提示下准备洗抹布的工具 3 能独立准备洗抹布的工具
	洗葡萄	1.认识水果(葡萄)	0 未达(不配合) 1 能看一看、指一指葡萄 2 能在提示下指认或说出葡萄 3 能在不提示的情况下指认并说出葡萄
		2.知道清洗葡萄的工具	0 未达(不配合) 1 能在示范时观看准备的工具(盆) 2 能在提示下指认或说出清洗葡萄的方法 3 能在不提示的情况下指认清洗葡萄的方法
		3.知道清洗葡萄的方法	0 未达(不配合) 1 能在示范时观看教学过程 2 能在提示下指认或说出清洗葡萄的方法 3 能在不提示的情况下指认清洗葡萄的方法
职业体验	穿小珠子	1.学会穿小珠子(十颗以上)	0 未达(不配合) 1 能在辅助下用细线穿小珠子 2 能在提示下用细线穿小珠子 3 能在示范后用细线穿小珠子
		2.能够在穿珠子前将线打结	0 未达(不配合) 1 能在辅助下将线打结 2 能在提示下将线打结 3 能在示范后将线打结

表3　培智1—3年级劳动技能教学计划（二年级上）

主题	领域	内容	技能目标	指标
我会使用	用	使用牙刷	1. 能够正确拿牙刷	0 未达(不配合) 1 能在辅助下正确拿牙刷 2 能在提示下正确拿牙刷 3 能正确拿牙刷
			2. 能够将牙刷贴到牙齿上	0 未达(不配合) 1 能在辅助下将牙刷伸到嘴巴里 2 能在提示下将牙刷伸到嘴巴里 3 能独立将牙刷伸到嘴巴里。
			3. 能用牙刷按照上下的方法刷牙	0 未达(不配合) 1 能在辅助下用牙刷按照上下的方法刷牙 2 能在提示下用牙刷按照上下的方法刷牙 3 能独立用牙刷按照上下的方法刷牙
			4. 知道早晚要用牙刷刷牙	0 未达(不配合) 1 能在辅助下用牙刷按照上下的方法刷牙 2 能在提示下用牙刷按照上下的方法刷牙 3 能独立用牙刷按照上下的方法刷牙
		使用桌椅	1. 认识自己的桌椅	0 未达(不配合) 1 能在提示下看一看桌椅上的特殊标签 2 能在辅助下指认或说出“这是我的” 3 能独立指认或说出“这是我的桌椅”
			2. 能够正确使用桌椅	0 未达(不配合) 1 能不拍打桌子、不摇晃桌椅 2 能在提示下调整桌椅到合适的位置 3 能独立根据远近调整桌椅到适合的距离
			3. 学习正确的坐姿	0 未达(不配合) 1 能在辅助下保持上身直立 2 能在单一辅助下维持坐姿 3 能独立维持10秒的正确坐姿

续 表

主题	领域	内容	技能目标	指标
我会整理	叠	叠袜子	1. 能找到两只相同的袜子	0 未达(不配合) 1 能在辅助下找到两只相同的袜子放到指定位置 2 能在提示下找到两只相同的袜子放到指定位置 3 能独立找到两只相同的袜子放到指定位置
			2. 能将两只相同袜子叠放在一起	0 未达(不配合) 1 能在辅助下将袜子对应叠放在一起 2 能在提示下将袜子对应叠放在一起 3 能独立将袜子对应叠放在一起
			3. 能将叠好的袜子向里卷到袜口	0 未达(不配合) 1 能在辅助下将袜子向里卷到袜口 2 能在提示下将袜子向里卷到袜口 3 能独立将袜子向里卷到袜口
			4. 能将卷好的袜子包裹起来	0 未达(不配合) 1 能在辅助下将卷好的袜子包裹起来 2 能在提示下将卷好的袜子包裹起来 3 能将卷好的袜子包裹起来
	整理收纳	整理碗具	1. 知道不同碗具的功能	0 未达(不配合) 1 能在辅助下听指令拿碗到指定位置(如盛汤的大碗) 2 能在提示下听指令拿碗到指定位置(如盛汤的大碗) 3 能听指令拿碗到指定位置(如盛汤的大碗)
			2. 能将碗按照大小叠放	0 未达(不配合) 1 能在辅助下将碗按照大小叠放 2 能在提示下将碗按照大小叠放 3 能独立将碗按照大小叠放
			3. 能将碗按照材质叠放(玻璃、陶瓷、塑料)	0 未达(不配合) 1 能在辅助下将碗按照材质叠放 2 能在提示下将碗按照材质叠放 3 能独立将碗按照材质叠放

续　表

主题	领域	内容	技能目标	指标
我会打扫	擦	擦桌子	1. 能知道擦桌子所需的工具	0 未达（不配合） 1 能在提示下注视（抹布）2 秒以上 2 能在辅助下指认或说出抹布 3 能指认或说出抹布
			2. 能按照顺序擦桌子	0 未达（不配合） 1 能在辅助下按照顺序擦桌子 2 能在提示下按照顺序擦桌子 3 能独立按照顺序擦桌子
			3. 知道擦桌子的方法和步骤	0 未达（不配合） 1 能在辅助下擦桌子 2 能在提示下擦桌子 3 能独立擦桌子
	扫	扫讲台	1. 能知道扫地所需的工具	0 未达（不配合） 1 能在的提示下注视（扫把、垃圾铲）3 秒以上 2 能在辅助下指认或说出扫把、垃圾铲 3 能指认或说出扫把、垃圾铲
			2. 能正确地使用扫把和垃圾铲	0 未达（不配合） 1 能在辅助下使用扫把、垃圾铲 2 能在提示下使用扫把、垃圾铲 3 能独立使用扫把、垃圾铲
			3. 能将讲台的垃圾清理干净	0 未达（不配合） 1 能在辅助下按照顺序将讲台的垃圾清理干净 2 能在提示下按照顺序将讲台的垃圾清理干净 3 能独立按照顺序将讲台的垃圾清理干净
我会清洗	洗、晾晒	洗红领巾	1. 知道洗红领巾的用具	0 未达（不配合） 1 能看一看、指一指洗红领巾的用具 2 能在提示下指认或说出洗红领巾的用具 3 能在不提示的情况下指认并说出洗红领巾的用具

续 表

主题	领域	内容	技能目标	指标
我会清洗	洗、晾晒	洗红领巾	2. 了解“搓”红领巾的动作要领	0 未达(不配合) 1 能在辅助下完成“搓”红领巾的动作 2 能在提示下完成“搓”红领巾的动作 3 能在不提示的情况下完成“搓”红领巾的动作
			3. 知道洗红领巾的方法与步骤	0 未达(不配合) 1 凡符合下列之一者达1分 (1)能在辅助下用“搓、拧”的动作洗红领巾 (2)能在辅助下完成洗红领巾 2 凡符合下列之一者达2分 (1)能在单一辅助下用“搓、拧”的动作洗红领巾 (2)能在单一辅助下完成洗红领巾 3 能在不提示的情况下完成洗红领巾
		晾晒袜子	1. 知道晾晒袜子的工具(夹子、挂件)	0 未达(不配合) 1 能看一看、指一指晾晒袜子的工具 2 能在提示下指认或说出晾晒袜子的工具 3 能在不提示的情况下指认并说出晾晒袜子的工具
			2. 能用夹子晾晒袜子	0 未达(不配合) 1 能在辅助下打开架子夹住袜子 2 能在单一辅助下打开架子夹住袜子 3 能在不提示的情况下打开架子夹住袜子
		洗盆	1. 知道洗盆的方法	0 未达(不配合) 1 能在辅助下完成洗盆的任务 2 能在提示下完成洗盆的任务 3 能独立完成洗盆的任务

续　表

主题	领域	内容	技能目标	指标
我会清洗	洗、晾晒	洗盆	2. 能将洗干净的盆沥干水	0 未达(不配合) 1 能在辅助下将洗干净的盆沥干水 2 能在提示下将洗干净的盆沥干水 3 能独立将洗干净的盆沥干水
		洗土豆	1. 知道洗土豆所需的工具	0 未达(不配合) 1 能在辅助下注视(盆)2秒以上 2 能在提示下指认或说出盆 3 能在不提示的情况下指认或说出盆
			2. 能学会洗土豆的方法和步骤	0 未达(不配合) 1 能在辅助下完成洗土豆的任务 2 能在提示下完成洗土豆的任务 3 能独立完成洗土豆的任务
职业体验		粘贴信封	1. 了解粘贴工具及功能	0 未达(不配合) 1 能看一看、指一指固体胶和液体胶 2 能在提示下指认或说出固体胶和液体胶 3 能在不提示的情况下指认并说出固体胶和液体胶
			2. 能使用粘贴工具贴合信封	0 未达(不配合) 1 能在辅助下使用粘贴工具贴合信封 2 能在提示下使用粘贴工具贴合信封 3 能独立使用粘贴工具贴合信封

表4　培智1—3年级劳动技能教学计划（二年级下）

主题	领域	内容	技能目标	指标
我会使用	用	使用餐具(用餐)	1. 能够认识餐具(碗、筷、勺)	0 未达(不配合) 1 能辅助下正确认识餐具(碗、筷、勺) 2 能在提示下正确认识餐具(碗、筷、勺) 3 能独立正确认识餐具(碗、筷、勺)
			2. 能正确使用餐具(碗、筷、勺)	0 未达(不配合) 1 能在辅助下正确使用餐具(碗、筷、勺) 2 能在提示下正确使用餐具(碗、筷、勺) 3 能独立正确使用餐具(碗、筷、勺)

续 表

主题	领域	内容	技能目标	指标
我会使用	用	使用餐具(用餐)	3. 能餐前准备和餐后整理餐具(碗、筷、勺)	0 未达(不配合) 1 能在辅助下餐前准备和餐后整理餐具(碗、筷、勺) 2 能在提示下餐前准备和餐后整理餐具(碗、筷、勺) 3 能独立餐前准备和餐后整理餐具(碗、筷、勺)
		使用电风扇	1. 认识电风扇	0 未达(不配合) 1 能在辅助下指认电风扇或说出名称 2 能在提示下指认电风扇或说出名称 3 能独立指认电风扇或说出名称
			2. 学会开关电风扇	0 未达(不配合) 1 能在辅助下打开和关闭电风扇 2 能在提示下打开和关闭电风扇 3 能独立打开和关闭电风扇
			3. 知道开关电风扇的注意事项	0 未达(不配合) 1 能在辅助下观看介绍使用电风扇的注意事项 2 能在辅助下指认或说出使用电风扇的注意事项 3 能独立指认或说出使用电风扇的注意事项
我会整理	叠	叠内衣裤	1. 能够认识自己的内衣裤	0 未达(不配合) 1 能在辅助下认识自己的内衣裤 2 能在提示下认识自己的内衣裤 3 能独立认识自己的内衣裤
			2. 能够使用卷的技巧将内衣裤叠好	0 未达(不配合) 1 能在辅助下使用卷的技巧将内衣裤叠好 2 能在提示下使用卷的技巧将内衣裤叠好 3 能独立使用卷的技巧将内衣裤叠好

续　表

主题	领域	内容	技能目标	指标
我会整理	整理收纳	整理书、笔	1. 能将书和笔放在一起	0 未达(不配合) 1 能在辅助下将书、笔找出来放在一起 2 能在提示下将书、笔找出来放在一起 3 能独立将书、笔找出来放在一起
			2. 能按照书、笔的类别整理	0 未达(不配合) 1 能在辅助下将书、笔按照类别进行整理 2 能在提示下将书、笔按照类别进行整理 3 能独立将书、笔按照类别进行整理
			3. 能将整理好的书、笔分别放到对应的书架	0 未达(不配合) 1 能在辅助下将书、笔放到对应标识的书架上 2 能在提示下将书、笔放到对应标识的书架上 3 能独立将书、笔放到对应标识的书架上
我会打扫	擦	擦椅子	1. 能准备好擦椅子的工具	0 未达(不配合) 1 能在辅助下准备好擦椅子的工具 2 能在提示下准备好擦椅子的工具 3 能独立准备好擦椅子的工具
			2. 能掌握擦椅子的方法	0 未达(不配合) 1 能在辅助下擦椅子 2 能在提示下擦椅子 3 能独立擦椅子
	扫	扫我的座位	1. 能准备扫地所需的工具	0 未达(不配合) 1 能在辅助下准备扫地所需的工具 2 能在提示下准备扫地所需的工具 3 能独立准备扫地所需的工具
			2. 能使用扫把把座位下的垃圾扫出来	0 未达(不配合) 1 能在辅助下使用扫把把座位下的垃圾扫出来 2 能在提示下使用扫把把座位下的垃圾扫出来 3 能独立使用扫把把座位下的垃圾扫出来
			3. 能将垃圾扫进垃圾铲	0 未达(不配合) 1 能在辅助下将垃圾扫进垃圾铲 2 能在提示下将垃圾扫进垃圾铲 3 能独立将垃圾扫进垃圾铲

续 表

主题	领域	内容	技能目标	指标
我会晾洗	洗	洗袜子	1. 知道清洗袜子的工具（肥皂、夹子、挂件）	0 未达(不配合) 1 能看一看、指一指清洗袜子的工具 2 能在提示下指认或说出清洗袜子的工具 3 能在不提示的情况下指认并说出清洗袜子的工具
			2. 学会清洗袜子的方法	0 未达(不配合) 1 凡符合下列之一者达1分 (1)能在辅助下掌握拧、搓袜子的技巧 (2)能在辅助下完成清洗袜子的步骤 2 凡符合下列之一者达2分 (1)能在单一辅助下掌握拧、搓袜子的技巧 (2)能在单一辅助下完成清洗袜子的任务 3 能在不提示的情况下掌握拧、搓袜子的技巧
		晾袜子	1. 知道晾晒袜子的工具（夹子、挂件）	0 未达(不配合) 1 能看一看、指一指晾晒袜子的工具 2 能在提示下指认或说出晾晒袜子的工具 3 能在不提示的情况下指认并说出晾晒袜子的工具
			2. 能用夹子晾晒袜子	0 未达(不配合) 1 能在辅助下打开架子夹住袜子 2 能在单一辅助下打开架子夹住袜子 3 能在不提示的情况下打开架子夹住袜子
		洗保温杯、塑料杯	1. 知道洗保温杯、塑料杯的方法	0 未达(不配合) 1 能在辅助下完成洗保温杯、塑料杯的任务 2 能在提示下完成洗保温杯、塑料杯的任务 3 能独立完成洗保温杯、塑料杯的任务
			2. 能将洗好的保温杯、塑料杯放在指定位置	0 未达(不配合) 1 能在辅助下将洗好的保温杯、塑料杯放在指定位置或杯架上 2 能在提示下将洗好的保温杯、塑料杯放在指定位置或杯架上 3 能独立将洗好的保温杯、塑料杯放在指定位置或杯架上
			3. 知道要常洗杯子（定期清洗）	0 未达(不配合) 1 能在辅助下定期清洗杯子 2 能在提示下定期清洗杯子 3 能独立定期清洗杯子

续　表

主题	领域	内容	技能目标	指标
我会晾洗	洗	洗西红柿和黄瓜	1. 能准备好洗菜的工具(盆)	0 未达(不配合) 1 能在辅助下注视工具(盆)2秒以上 2 能在提示下指认或说出工具(盆) 3 能在不提示的情况下指认或说出工具(盆)
			2. 能知道洗西红柿的方法	0 未达(不配合) 1 能在辅助下完成洗西红柿的任务 2 能在提示下完成洗西红柿的任务 3 能独立完成洗西红柿的任务
			3. 能知道洗黄瓜的方法	0 未达(不配合) 1 能在辅助下完成洗黄瓜的任务 2 能在提示下完成洗黄瓜的任务 3 能独立完成洗黄瓜的任务
			4. 能知道洗完菜后收拾场地	0 未达(不配合) 1 能在辅助下收拾场地 2 能在提示下收拾场地 3 能独立收拾场地
职业体验		开封快递盒	1. 认识透明胶带	0 未达(不配合) 1 能看一看、指一指透明胶带 2 能在提示下指认或说出透明胶带 3 能在不提示的情况下指认并说出透明胶带
			2. 能使用透明胶带粘贴快递盒	0 未达(不配合) 1 能在辅助下使用透明胶带粘贴快递盒 2 能在单一辅助下使用透明胶带粘贴快递盒 3 能在不提示的情况下使用透明胶带粘贴快递盒
			3. 能使用小刀打开快递盒	0 未达(不配合) 1 能在辅助下使用小刀打开快递盒 2 能在单一辅助下使用小刀打开快递盒 3 能在不提示的情况下使用小刀打开快递盒

表5　培智1—3年级劳动技能教学计划（三年级上）

主题	领域	内容	技能目标	指标
我会使用	用	使用伞	1.能够知道伞的功能	0 未达1分(不配合) 1 能在辅助下知道伞可以用来遮阳、遮雨 2 能在提示下知道伞可以用来遮阳、遮雨 3 能在不提示的情况下知道伞可以用来遮阳、遮雨
			2.能学会打开伞	0 未达1分(不配合) 1 能在辅助下将伞撑开 2 能在提示下将伞撑开 3 能独立将伞撑开
			3.能学会收伞	0 未达1分(不配合) 1 能在辅助下将伞收拢 2 能在提示下将伞收拢 3 能独立将伞收拢
			4.知道收伞的注意事项	0 未达1分(不配合) 1 能在辅助下知道收伞时手和身体的位置 2 能在提示下知道收伞要注意自己周围的人 3 能在不提示的情况下知道收伞要注意自己周围的人
		使用灯	1.认识电灯	0 未达1分(不配合) 1 能在辅助下注视(电灯)2秒以上 2 能在提示下指认或说出电灯 3 凡符合下列之一者达3分 (1)能指认或说出电灯 (2)能知道电灯的特征
			2.学会开关电灯	0 未达1分(不配合) 1 能在辅助下打开或关闭电灯 2 能在提示下打开或关闭电灯 3 能独立打开或关闭电灯

续　表

主题	领域	内容	技能目标	指标
我会使用	用	使用灯	3. 知道使用电灯的注意事项	0 未达1分(不配合) 1 能在辅助下观看介绍使用电灯的注意事项 2 能在提示下指认或说出使用电灯的注意事项 3 能独立指认或说出使用电灯的注意事项
我会整理	叠	叠背心	1. 能认识背心的衣领、衣底边	0 未达1分(不配合) 1 能在辅助下注视背心的衣领、衣底边2秒以上 2 能在提示下指认或说出背心的衣领、衣底边 3 能独立指认或说出背心的衣领、衣底边
			2. 能知道叠背心的方法	0 未达1分(不配合) 1 能在辅助下将叠背心衣底边对折到衣领。 2 能在提示下将叠背心衣底边对折到衣领。 3 能独立将叠背心衣底边对折到衣领。
	整理	整理球、积木	1. 能听指令找到积木和球	0 未达1分(不配合) 1 能在辅助下找积木和球 2 能在提示下听指令找积木和球 3 能在不提示的情况下听指令找到积木和球
			2. 能将积木和球分类摆放	0 未达1分(不配合) 1 能在辅助下按照积木和球的功能类别完成分类摆放 2 能在提示下按照积木和球的功能类别完成分类摆放 3 能独立按照积木和球的功能类别完成分类摆放

续　表

主题	领域	内容	技能目标	指标
我会整理	整理	整理球、积木	3. 能将积木和球分别放进对应的收纳盒	0 未达1分(不配合) 1. 能在辅助下将积木和球分别放进对应的收纳盒 2. 能在提示下将积木和球分别放进对应的收纳盒 3. 能在不提示的情况下将积木和球分别放进对应的收纳盒
我会打扫	擦	擦办公桌	1. 能知道擦办公桌的方法	0 未达1分(不配合) 1 能在辅助下完成擦办公桌的任务 2 能在提示下完成擦办公桌的任务 3 能独立完成擦办公桌的任务
			2. 能在擦完桌子后将桌上的物品整理好	0 未达1分(不配合) 1 能在辅助下将桌上的物品整理好 2 能在提示下将桌上的物品整理好 3 能独立将桌上的物品整理好
			3. 知道擦办公桌的注意事项	0 未达1分(不配合) 1 能在辅助下说出擦办公桌的注意事项 2 能在提示下说出擦办公桌的注意事项 3 能在不提示的情况下说出擦办公桌的注意事项
	扫	扫教室	1. 能够从后排向前排的方向扫地	0 未达1分(不配合) 1 能在辅助下从后排向前排的方向扫地 2 能在单一辅助下从后排向前排的方向扫地 3 能独立从后排向前排的方向扫地

续　表

主题	领域	内容	技能目标	指标
我会打扫	扫	扫教室	2. 知道使用扫帚、簸箕的注意事项	0 未达1分(不配合) 1 能观看介绍扫帚、簸箕注意事项的课件 2 能在提示下指认或说出使用扫帚、簸箕的注意事项 3 能在不提示的情况下指认或说出使用扫帚、簸箕的注意事项
我会晾洗	洗	洗内衣裤	1. 能准备好洗内衣裤的用具	0 未达(不配合) 1 能在辅助下准备好洗内衣裤的用具 2 能在提示下准备好洗内衣裤的用具 3 能在不提示的情况下准备好洗内衣裤的用具
			2. 知道洗内衣裤的方法	0 未达(不配合) 1 凡符合下列之一者达1分 (1)能在辅助下掌握拧、搓内衣裤的技巧 (2)能在辅助下完成清洗内衣裤的步骤 2 凡符合下列之一者达2分 (1)能在单一辅助下掌握拧、搓内衣裤的技巧 (2)能在单一辅助下完成清洗内衣裤的任务 3 能在不提示的情况下掌握拧、搓内衣裤的技巧
			3. 能知道洗内衣裤的注意事项	0 未达(不配合) 1 能在辅助下观看介绍洗内衣裤注意事项的课件 2 能在单一辅助下知道洗内衣裤的注意事项 3 能在不提示的情况下知道洗内衣裤的注意事项

续 表

主题	领域	内容	技能目标	指标
我会晾洗	洗	晾晒内衣裤	1. 知道晾晒内衣裤的工具	0 未达(不配合) 1 能看一看、指一指晾晒内衣裤的衣架 2 能在提示下指认或说出晾晒内衣裤的衣架 3 能在不提示的情况下指认并说出晾晒内衣裤的衣架
			2. 能用衣架晾晒内衣裤	0 未达(不配合) 1 能在辅助下用衣架晾晒内衣裤 2 能在单一辅助下用衣架晾晒内衣裤 3 能在不提示的情况下用衣架晾晒内衣裤
			3. 能知道晾晒内衣裤的注意事项	0 未达(不配合) 1 能在辅助下观看介绍晾晒内衣裤注意事项的课件 2 能在单一辅助下说出晾晒内衣裤的注意事项 3 能在不提示的情况下说出晾晒内衣裤的注意事项
		洗易碎杯	1. 了解常见的易碎杯子	0 未达 1 分(不配合) 1 能在展示易碎杯子时给予关注 2 能在提示下指认或说出一个以上的易碎杯子 3 能在不提示的情况下指认或说出一个以上的易碎杯子
			2. 知道洗易碎杯子的方法	0 未达 1 分(不配合) 1 能在辅助下洗易碎杯子 2 能在单一辅助下洗易碎杯子 3 能独立完成洗易碎杯子

续　表

主题	领域	内容	技能目标	指标
我会晾洗	洗	洗易碎杯子	3. 知道洗易碎杯子的注意事项	0 未达1分(不配合) 1 能在辅助下轻拿、轻放、轻洗易碎杯子 2 能在单一辅助下轻拿、轻放、轻洗易碎杯子 3 能独立轻拿、轻放、轻洗易碎杯子
		洗豆芽	1. 能准备好洗豆芽的工具(盆、漏盆)	0 未达(不配合) 1 能在辅助下注视工具(盆、漏盆)2秒以上 2 能在提示下指认或说出工具(盆、漏盆) 3 能独立指认或说出工具(盆、漏盆)
			2. 能知道洗豆芽的方法	0 未达(不配合) 1 能在辅助下完成洗豆芽的任务 2 能在提示下完成洗豆芽的任务 3 能独立完成洗豆芽的任务
			3. 能处理好洗豆芽时产生的垃圾	0 未达(不配合) 1 能在辅助下处理好洗豆芽所产生的垃圾 2 能在提示下处理好洗豆芽所产生的垃圾 3 能独立处理好洗豆芽所产生的垃圾
职业体验		使用剪刀	1. 能够使用剪刀剪直线	0 未达1分(不配合) 1 能在辅助下使用剪刀沿着线剪直线 2 能在提示下使用剪刀沿着线剪直线 3 能独立使用剪刀沿着线剪直线
			2. 能知道使用剪刀时的注意事项	0 未达1分(不配合) 1 能在辅助下观察使用剪刀时保护自己 2 能在提示下使用剪刀时保护自己 3 能独立注意到使用剪刀时保护自己

表6　培智1—3年级劳动技能教学计划（三年级下）

主题	领域	内容	目标	指标
我会使用	用	使用雨衣	1.能知道使用雨衣的时间	0 未达1分(不配合) 1 能在辅助下知道下雨时使用雨衣 2 能在提示下知道下雨时使用雨衣 3 能在不提示的情况下知道下雨时使用雨衣
			2.能学会穿雨衣	0 未达1分(不配合) 1 能在辅助下穿雨衣 2 能在提示下穿雨衣 3 能独立穿好雨衣
			3.能知道晾晒雨衣	0 未达1分(不配合) 1 能在辅助下晾晒雨衣 2 能在提示下晾晒雨衣 3 能独立晾晒雨衣
			4.能知道在用完雨衣后整理保存好	0 未达1分(不配合) 1 能在辅助下用完雨衣后整理保存好雨衣 2 能在提示下用完雨衣后整理保存好雨衣 3 能在不提示的情况下知道在用完雨衣后整理保存好雨衣
		使用浇水壶	1.认识浇水壶	0 未达1分(不配合) 1 能在辅助下注视(浇水壶)2秒以上 2 能在提示下指认或说出浇水壶 3 凡符合下列之一者达3分 (1)能独立指认或说出浇水壶 (2)能在不提示的情况下说出浇水壶的特征
			2.学会使用浇水壶浇花、淋菜	0 未达1分(不配合) 1 能在辅助下使用浇水壶浇花、淋菜 2 能在提示下使用浇水壶浇花、淋菜 3 能在不提示的情况下使用浇水壶浇花、淋菜
我会整理	叠	叠套头衣服	1.能将衣袖沿着缝合处折叠	0 未达1分(不配合) 1 能在辅助下将衣袖沿着缝合处折叠 2 能在提示下将衣袖沿着缝合处折叠 3 能独立将衣袖沿着缝合处折叠

续　表

主题	领域	内容	目标	指标
我会整理	叠	叠套头衣服	2.能将背心的底边对准衣领	0 未达1分(不配合) 1 能在辅助下将背心底边对折到衣领 2 能在提示下将背心底边对折到衣领 3 能独立将背心底边对折到衣领
			3.能再对折背心成小方形	0 未达1分(不配合) 1 能在辅助下再对折背心成小方形 2 能在提示下再对折背心成小方形 3 能独立再对折背心成小方形
	整理	整理碗、筷、盘	1.能听指令找到碗、筷、盘	0 未达1分(不配合) 1 能在辅助下听指令找到碗、筷、盘 2 能在提示下听指令找到碗、筷、盘 3 能独立听指令找到碗、筷、盘
			2.能将碗、筷、盘分类摆放	0 未达1分(不配合) 1 能在辅助下按照碗、筷、盘的大小类别完成分类摆放 2 能在提示下按照碗、筷、盘的大小类别完成分类摆放 3 能独立按照碗、筷、盘的大小类别完成分类摆放
我会打扫	擦	擦柜子	1.能知道擦柜子的方法	0 未达1分(不配合) 1 能在辅助下完成擦柜子的任务 2 能在提示下完成擦柜子的任务 3 能独立完成擦柜子的任务
			2.能在擦完柜子后将柜子里的物品整理好	0 未达1分(不配合) 1 能在辅助下将柜子里的物品整理好 2 能在提示下将柜子里的物品整理好 3 能独立将柜子里的物品整理好

续 表

主题	领域	内容	目标	指标
我会打扫	拖	拖教室	1.认识拖地的工具(拖把、桶)	0 未达1分(不配合) 1 能看一看、指一指拖地的工具(拖把、桶) 2 能在提示下指认或说出拖地的工具(拖把、桶) 3 凡符合下列之一者达3分 (1)能在不提示的情况下指认并说出拖地的工具(拖把、桶) (2)能独立指认或说出拖地的工具(拖把、桶)的功能
			2.学习使用拖把拖地的方法	0 未达1分(不配合) 1 能在辅助下使用拖把横向、纵向拖地 2 能在提示下使用拖把横向、纵向拖地 3 能在不提示的情况下使用拖把横向、纵向拖地
			3.知道使用拖地的工具(拖把、桶)的注意事项	0 未达1分(不配合) 1 能不妨碍他人拖地 2 凡符合下列之一者达2分 (1)能在提示下知道拖地时倒着拖 (2)能在提示下知道刚拖完的地不能踩 3 凡符合下列之一者达3分 (1)能注意拖地时边拖边退，且刚拖完的地尽量不踩 (2)能在使用完桶后将桶冲干净放好
我会晾洗	洗	洗背心	1.知道洗背心的工具(洗衣粉或洗衣液、盆)	0 未达1分(不配合) 1 能看一看、指一指洗背心的工具 2 能在提示下指认或说出洗背心的工具 3 能在不提示的情况下指认洗背心的工具
			2.学会洗背心的方法	0 未达1分(不配合) 1 能在多种辅助下掌握搓、拧、甩的技巧洗背心 2 能在单一辅助下掌握搓、拧、甩的技巧洗背心 3 能在不提示的情况下使用搓、拧、甩的技巧洗背心

续　表

主题	领域	内容	目标	指标
我会晾洗	洗	洗背心	3. 能在洗完背心后将工具收放好	0 未达1分(不配合) 1 能在多种辅助下将洗背心的工具收放好 2 能在单一辅助下将洗背心的工具收放好 3 能在不提示的情况下将洗背心的工具收放好
	晾晒	晾背心	1. 知道晾晒背心的工具(衣架、撑衣杆)	0 未达1分(不配合) 1 能看一看、指一指晒背心的工具 2 能在提示下指认或说出晒背心的工具 3 能在不提示的情况下指认并说出晒背心的工具
			2. 能知道晒背心的方法	0 未达1分(不配合) 1 能在多种辅助下完成晒背心的任务 2 能在单一辅助下完成晒背心的任务 3 能在不提示的情况下完成晒背心的任务
	洗	洗水壶	1. 认识水壶	0 未达1分(不配合) 1 能在展示水壶的部位特征时给予关注 2 能在提示下指认或说出水壶一个以上的部位特征 3 能独立指认或说出水壶一个以上的部位特征
			2. 能取出水壶里的水垢	0 未达1分(不配合) 1 能在多种辅助下取出水壶里的水垢 2 能在单一辅助下取出水壶里的水垢 3 能独立取出水壶里的水垢
			2. 能知道洗水壶的方法	0 未达1分(不配合) 1 能在多种辅助下洗水壶 2 能在单一辅助下洗水壶 3 能独立完成洗水壶的任务

续 表

主题	领域	内容	目标	指标
我会晾洗	洗	洗生菜	1. 能准备好洗生菜的用具	0 未达(不配合) 1 能在辅助下将盆、生菜、水准备好 2 能在提示下将盆、生菜、水准备好 3 能独立将盆、生菜、水准备好
			2. 能知道洗生菜的方法	0 未达(不配合) 1 能在辅助下洗生菜 2 能在提示下洗生菜 3 能独立洗生菜
			3. 能知道择掉不好的生菜叶子	0 未达(不配合) 1 能在辅助下择掉不好的生菜叶子 2 能在提示下择掉不好的生菜叶子 3 能独立择掉不好的生菜叶子
职业体验		使用剪刀 2	1. 能使用剪刀沿着线剪圆形	0 未达 1 分(不配合) 1 能在辅助下使用剪刀沿着线剪圆形 2 能在提示下使用剪刀沿着线剪圆形 3 能独立使用剪刀沿着线剪圆形
			2. 能使用剪刀沿着线剪三角形	0 未达 1 分(不配合) 1 能在辅助下使用剪刀沿着线剪三角形 2 能在提示下使用剪刀沿着线剪三角形 3 能独立使用剪刀沿着线剪三角形

第六节　劳动课程的保障

湛江市特殊教育学校劳动课程有三大保障因素。

一、劳动教师

教师是课程实施的主体。湛江市特殊教育学校采取专任、兼任教师相结合的模式，做好劳动课师资配备，力求满足劳动技能教学需求。同时，湛江市特殊教育学校鼓励教师通过自身研究与实践，不断提高劳动课程专业素养，以适应劳动课程不断发展的教育教学需求。

目前，湛江市特殊教育学校聋、盲、培智三个部共有劳动课程教师105人，其中专任劳动课程教师26人，兼任劳动课程教师79人，师资充裕，能够保证劳动课程顺利开展。

二、劳动课程管理

湛江市特殊教育学校领导能充分认识劳动课程、劳动及职业技能课程对于特殊学生的重要意义，特别重视特殊学生的劳动课程教育教学管理。劳动课程根据类别分别由教务处、康复教育处、职业教育处等部门直接管理和指导，保障课程内容的实施和课程目标的实现。

三、场地、资金保障

湛江市特殊教育学校自建校开始，就重视劳动场地、场室的建设。1988年办校开始就根据校园实际，开荒垦地，建设200多平方米的菜园；1990年开始建设木工室、金工室、缝纫室各1间，建设小型养猪场、养鸡场各1个；1993年，利用特殊学生家长资金和资源建设了残疾儿童福利纸箱厂，同时建设了第一个计算机教室，后来还开办了小型制衣厂、绣花厂等；1999年起，先后建设了生物园（种植园），扩大了缝纫室，利用省级专项资金升级了木工室和金工室设备实施，同时建设了烹饪室、面点室、按摩理疗室。

2010年，湛江市特殊教育学校被定为湛江市文化创意设计基地（2012年6月正式揭牌），被湛江市残疾人联合会确定为湛江市残疾人职业教育基地。

2016年，湛江市特殊教育学校利用200多万元省级专项资金，开展了劳动技术专用教室的标准化建设，目前建有雕刻坊、陶艺坊、版刻室、书画装裱室、DIY文创制作室、非遗传承室、手工制作室、烹饪室、面点烘焙室、家政室、布衣房、茶艺室、特殊艺术展览馆、按摩理疗室、盲人电影院等40多个共3000多平方米的各类劳动、职业实训教室，每个专用教室均按功能配置了齐全的设备设施和先进的交互电子教学平台，有效保障劳动课程实施。

目前，湛江市特殊教育学校根据特殊学生劳动就业创业和转衔服务，继续分期投入资金建设“特殊学生就业创业孵化园”项目，继续践行一切为学生平等参与和健康发展的未来生活奠基的办学理念。

第四章　湛江市特殊教育学校劳动教育融入育人体系

湛江市特殊教育学校始终将劳动教育融入育人体系，具体体现在学科课程、主题教育活动、后勤服务和卫生防疫等方面，初步形成体系，不断在实践中完善。

第一节　劳动教育融入育人体系概述

劳动教育是新时代党对教育的新要求，是我国高质量发展教育体系的重要内容，是全面发展教育体系的重要组成部分，是大中小学和特殊教育学校必须开展的教育活动。劳动教育具有鲜明的思想性、突出的社会性和显著的实践性。湛江市特殊教育学校结合立德树人工作实际，充分发挥特殊教育育人体系中的劳动教育元素，充分挖掘学校劳动教育资源，拓展家庭劳动教育资源，延伸社会劳动资源，把劳动教育融入育人体系，实现全员、全方位、全过程劳动育人。

一、发挥劳动课程主导作用，建立不同类别学生劳动教育课程体系

让学生在学习与劳动实践过程中形成正确的劳动观念、良好的劳动习惯，增强劳动能力，逐步形成适应个人终身发展和社会发展需要的正确价

值观，实现劳动课程育人目标。例如：组织不同学段的聋生在校内体验保洁员、垃圾搬运工、纸皮回收工、食堂帮厨等“百岗”工作，组织学生观看建筑工地工人砌砖、拌水泥浆、批墙等工作，让学生了解不同职业劳动者的辛苦与快乐，能正确理解劳动对于个人生活、家庭幸福和社会进步的意义，懂得劳动创造人、劳动创造财富、劳动创造美好生活的道理，能尊重劳动和尊重普通劳动者，树立劳动最光荣、劳动最崇高、劳动最伟大、劳动最美丽的观念。根据盲、聋、培智学生的年龄及生理特点，设计适合他们的劳动课程任务，通过学习种植、陶艺、缝纫、电器维修、计算机技术、按摩推拿、餐厅服务等劳动课程，对学生进行相应的劳动知识、劳动技能系统化实践训练，让学生在劳动中正确使用常用劳动工具，在劳动实践中增强体力，补偿缺陷，康复身心，提高智力和团队合作能力，掌握基本的劳动知识和技能。通过劳动课程、主题劳动实践、校内外公益劳动等常态化劳动实践，帮助学生形成做事有始有终，规范劳动、安全劳动的习惯，并逐步养成认真负责、自觉自愿、吃苦耐劳、团结合作、珍惜劳动成果等优良品质，通过学习党史、国史、杰出劳动模范、榜样的事迹，逐步体悟敬业爱岗、乐于奉献的劳模精神，培育艰苦奋斗、百折不挠的自强精神，以及精益求精、追求卓越的工匠精神。

二、发挥学科课程教师主体作用，挖掘课程劳动元素和实践资源内涵

把劳动教育鲜明的思想性融入课程，实现课程育人、实践育人。

第一，积极挖掘学科课程教学中的劳动教育元素、劳动教育资源。如在聋、盲生教学中，通过发掘思政、语文、历史等课程教学中的劳动教育元素，贯彻马克思主义劳动观并与之有机融合，让学生认识到劳动是一切财富、价值的源泉，劳动者是国家和社会的主人，一切劳动和劳动者都应该得到鼓励和尊重。让学生清楚我们国家的价值理念是反对一切不劳而获、崇尚暴富、贪图享乐的错误思想，作为新时代的特殊学生，要身残志

坚，从小立志通过劳动创造美好生活、实现人生梦想。在聋生职高学科课程教学中，组织学生主动参与实操实训、企业实习、展览展会和简单的社会调研等实践课程，增强学生参与劳动的自觉性、主动性和创新性，加强学科课程中劳动技能训练，实现学科课程教学与劳动教育的有机融合。

第二，将劳动教育渗透到学科课程教学中，根据聋、盲生的不同心理、生理特点，在生物、化学、电器维修、烹饪面点等课程学习中融入劳动知识与技能、职业道德等内容，发挥课程教学主渠道、主阵地作用，用学生看得懂、听得进、能理解的方式，把马克思主义劳动观（特别是习近平总书记关于劳动教育的重要论述精神）潜移默化地带进课堂、进头脑、进教材，深化学科课程劳动育人建设。

三、发挥德育思政工作队伍的主体作用，搭建多方联动劳动服务体系

提升劳动教育实效，实现思政育人、心理育人、文化育人。

第一，根据学生的认知水平和学习能力，通过学科教师、思政课教师、大队和中队辅导员、班主任、团学队（即团委、学生会、少先队）干部、家长等共同落实立德树人育人责任。通过学校德育处、团委、学生会、少先队大队部、年级部等，每周、每月开展丰富的主题实践活动，搭建多方联动劳动服务实践平台，引导学生自觉参与校内教室、宿舍、校园公共区域以及校外志愿服务劳动实践，加强学校教育与社会生活、生产实践的直接联系，发挥劳动在个人与社会之间的纽带作用，引导学生认识社会，增强社会责任感；让学生在劳动实践中学会分工合作，体会社会主义社会平等、和谐的新型劳动关系，涵养劳动情怀和劳动奉献精神。

第二，通过建设大批功能齐全的劳动场室、校史馆、特殊艺术馆和创意文化劳动基地，打造工艺雕刻、按摩理疗劳动品牌，在校内营造浓厚的劳动文化氛围，将劳动教育思想融入校园文化建设中，充分挖掘和展示校史、校训、校风中自尊、自信、自强、自立所蕴含的劳动精神，引导学生

理解和树立辛勤劳动、诚实劳动、快乐劳动的理念，让“劳动人人可为”成为校园实践活动的最强音。

第三，对接受能力低下的培智部学生来说，根据特殊教育课程标准和学生教育起点、教育目标、教育内容、教育过程等多方面的特殊性，把劳动技能教育内容设计成一个个可操作的小项目、小步骤、小场景，让学生在真实情景下不断操作的过程中亲自体验劳动并积累生活经验，形成自我意识，进而感受劳动的快乐。

第四，将学生参加劳动、劳动技术、职业启蒙和职业体验等实践内容纳入学生综合素质评价，把德育主题、团队活动、社团兴趣、技能竞赛等实践活动纳入学校的教学考核体系，引导学生形成良好的劳动习惯，感受劳动乐趣，享受劳动成果。

四、发挥行政教辅后勤人员及家长主体作用，建构劳动教育管理保障体系

管理育人，组织育人，家校育人。学校德育处、教务处、职业教育处、康复教育处、总务处、团委、大队部、学生会、工会、妇委会、关工委等各部门，按照校党总支部和校长的指导，积极贯彻党中央关于中小学生和特殊教育劳动教育的决策部署，多方联动，加强劳动教育管理保障体系建设。

第一，加强组织保障。构建党总支部统一领导，行政部具体落实，德育处、教务处牵头抓总，制订劳动教育方案和年度劳动教育计划，团委、学生会、工会、后勤处等部门各负其责，师生员工共同参与的劳动教育总格局，统筹全校育人资源，规划部署劳动育人工作任务，确保劳动教育落实落细。

第二，加强管理保障。安排分管副校长、德育及教学部门中层领导干部、年级部长、班主任等对学生进行思想教育和劳动实践指导。加大劳动教育资金投入，对培养劳动教育师资、建设学校劳动教育场室设施、购置

劳动教育和职业体验设备等费用予以大力支持，确保持续投入，让学生“劳而无忧”“劳有所育”。加强师生劳动安全教育，认真排查和清除学生劳动实践安全隐患，制定科学的劳动操作规范和应急处置预案，明确责任、防患未然。

第三，加强服务保障。推进校园后勤服务改革，由总务处全面梳理后勤教辅等服务育人岗位和校园劳动资源，制定后勤、教辅人员劳动育人工作职责及考核要求；指导后勤教辅人员带头劳动以身示范，并通过团委、学生会、少先队大队部等学生社团，组织学生参与学校食堂、宿舍、教学楼等清洁服务、维修维护管理和监督，引导学生向后勤、教辅人员学习，体验真实的生活场景和职业岗位，获得积极的职业价值体验，在劳动实践中进行自我服务、自我管理、自我教育。

第四，家校共育管理。通过积极搭建家校共育桥梁，发挥家校协同育人作用。过去，很多家长对特殊孩子的衣食住行实行包办处理，有的家长认为孩子有残疾或者孩子不懂、指导家务劳动麻烦又浪费时间等，不重视对孩子进行日常生活劳动实践指导。为了改变这个局面，湛江市特殊教育学校通过家长会、家长学校和线上交流等方式，对家长进行培训，指导家长学习《家庭教育促进法》，让家长担起“孩子家务劳动教育第一任教师”的职责，自觉与学校共同承担培养学生劳动意识、劳动习惯、劳动技能和劳动品质的责任。家长鼓励孩子自己动手、随时随地在家自觉参与家务劳动，对孩子实行“一对一”的家务劳动指导，能有效帮助学生掌握洗衣、做饭、煮水、冲茶、家居卫生保洁等必要的家务劳动技能；鼓励学生利用节假日、寒暑假积极参加各种社会劳动。学校每年还针对性地帮助学生至少学会一项生活技能，并举办“亲子生活技能”“家务劳动达人秀”等竞赛，激发学生参与家务劳动的积极性，把学生参加家务劳动和掌握生活技能的情况按年度记入学生综合素质档案。通过家庭树立崇尚劳动的良好家风和家长日常生活的言传身教，让孩子养成从小爱劳动的好习惯。在劳动成长的道路上，在教师与家长的共同陪伴下，部分学生可以成功就业，部分学生在数十次甚至上百次的重复训练后，能养成较好的劳动品质，提升劳动技能。现在，湛江市特殊教育学校的聋、盲学生，基本可以像普通学校学生那样，实现劳动树德、增智、强体、育美的目的；培智部的学生，通过人性化的课程训练，也在朝着好照顾、好家人、好帮手、好公民的“四好”目标前进。

第二节　劳动与学科课程融合育人

2020年7月教育部印发的《大中小学劳动教育指导纲要（试行）》，要求在学科专业中有机渗透劳动教育。2016年教育部颁布盲校、聋校、培智学校义务教育课程标准，指出聋、盲、培智3类特殊教育学校的各学科课程中都蕴含了非常多的劳动教育元素。如历史、语文、生活语文等学科可以有重点地汲取劳动创造人、劳动创造历史、劳动创造世界、劳动不分贵贱等马克思主义劳动观，采用歌颂劳模、歌颂普通劳动者的素材，纳入阐释勤劳、节俭、艰苦奋斗等中华民族优良传统的内容，加强对学生辛勤劳动、诚实劳动、合法劳动等方面的教育。地理、生物学、物理、化学、数学、沟通与交往、美工、信息技术、体育与健康等学科，要注重培养学生劳动的科学态度、规范意识、效率观念和创新精神。综合康复、定向行走、社会适应、生活语文、生活数学、生活适应、绘画与手工、康复训练、艺术休闲等学科，可以对学生进行缺陷补偿教育，发掘劳动技能潜能，帮助学生通过劳动康复，克服自身障碍，成为自尊、自信、自强、自立的身残志坚的劳动者。

一、携手竞技，共同进步——“中餐热菜、冷拼、中式面点制作”大赛活动

竞技是学练技能的重要方式，是促进学生共同进步的有效方法。2018年1月11日下午，湛江市特殊教育学校职教处在一体楼二楼的茶点室举办

了一场别开生面的“中餐热菜、冷拼、中式面点制作”竞赛活动，有100多人参与。

此次活动的参赛对象是启聪高中部烹饪面点专业的全体学生，参赛作品有30多款。评委现场打分，从口味、质感、火候、形态、色泽、工艺、装盘、卫生等角度对中餐热菜、中式面点作品进行评判，从刀工、形态、原料等要素对冷拼作品进行评判。

此次的活动展示了湛江市特殊教育学校烹饪面点专业学生的烹饪和面点制作的技能水平，也检验了湛江市特殊教育学校高中职业教育的教学效果，激发了师生的学习热情和创作热情，提高了专业实训课的学习效率，为学生将来就业打下了坚实的基础。

（本部分供稿人孙丽娴，引用时有删改）

二、才艺绽芳华，青春写梦想——期末成果展览活动

为展示学生的职业能力，激发学生学习兴趣和热情，营造积极向上、健康活泼的校园文化技能氛围，2021年6月24日下午，湛江市特殊教育学校职教组组织了期末成果展览活动。

此次展览活动旨在检测开学以来教师教学成果和学生的学习效果，是学习态度、学习效果、学习经验、学习方法的检查和总结，同时，给学生提供一个技能展示的平台，帮助学生增强技能学习的自信，指明今后努力的方向。

此次展览分为3类，分别为面点烹饪作品展示、职教工艺品展示和按摩技术展示。每一个作品都凝聚了学生们的汗水和心血，也凝聚了他们对专业的热爱，充分体现了他们的创新意识和工匠精神。

面点烹饪作品展示区中，各式各样的面点烹饪作品吸引了众多师生的注意力。学生自己研发的甜品，一个个形状可爱、口感极佳。这些优秀的作品充分展示了一个学期以来学生在面点烹饪课程中的学习成果。

在展区的另一侧，则展示了职教组对艺术的探索。版画、陶艺、传统

刺绣、玻璃镶嵌作品……这些手工作品造型精美，色彩亮丽，让人眼前一亮。本次展出的作品，从构图到色彩，主题鲜明、风格多元、彰显个性，同学们用设计语言体现了新的思维和角度，呈现出蓬勃的艺术设计激情和丰富的艺术想象力，弘扬传统文化，融入时代精神，展现了我校艺术职教的精湛技艺。展览区洋溢着浓厚的艺术氛围，吸引了广大师生的目光，获得一片赞誉。同时，展示出了学子们积极乐观、自强不息的精神风貌，达到了展示自我风采、激励学生提高职业技能的目的。

旁边的按摩技术展示区也不遑多让，学生们展示按摩技术，吸引了不少教师前来体验，好评不断。

职教组以此次成果展为契机，继续深入推进职业教育在学校的发展，让大家了解职业教育、体验职教、参与职教、共享职教发展成果，激励学子大力弘扬精益求精的“工匠精神”。这次成果展，不仅仅是向全校师生展示职教组的教学成果，更是一次交流、一次检阅。相信学生结合本次作品展览收集到的诸多宝贵意见和建议，下一次作品展会做得更好，将会有更好的作品展现在大家面前。

（本部分供稿人杨优，引用时有删改）

三、爱劳动，乐生活——“生活技能大赛”活动

为增强学生的动手、动脑和生活劳动能力，培养学生“自己的事情自己做”的良好行为习惯，深化“以热爱劳动为荣，以好逸恶劳为耻”的荣辱观教育，促进学生在劳逸结合中健康、全面地发展，让学生真正地回归家庭、回归生活、回归社会，2021年6月3日下午，湛江市特殊教育学校启智部精心筹备、认真组织，依据不同年级学生当前的学习任务制定了筷子夹花生、擦桌子、叠衣服、洗碗筷、面点花式造型等5个主题项目，开展“生活技能大赛”活动。

一年级三个班级进行“筷子夹花生”竞赛，以小组为单位进行，三人为一组，独立将20颗花生从一个碗夹到另一个碗，用时最快者获胜。随

裁判一声令下，同学们全神贯注，全身心投入比赛。比赛中，有的同学因夹不稳而心生怯意，但老师的鼓励给他们继续尝试的信心和勇气，最后他们坚持完成了比赛。同学们不放弃的精神赢得阵阵掌声。

会擦桌子是个人居家生活的基本要求，通过“擦桌子”比赛可以提高学生居家劳动的意识。二、三年级的同学们分为8组，每组4人，进行“擦桌子”竞赛。同学们将抹布打湿后拧干，均匀地擦拭整个桌面及抽屉，擦完桌子后将抹布清洗干净并叠放整齐。同学们在比赛中感受到了劳动的快乐，增强了讲卫生、爱劳动的意识。

四、五年级的同学们以小组为单位进行“叠衣服”竞赛，在规定的5分钟时间内完成叠衣服。比赛一开始，同学们迅速地将衣服平铺到桌子上，小心翼翼地将衣服的拉链拉好，按照指定的流程将衣服叠成小方块。这项劳动技能着重培养学生的自我服务劳动能力，鼓励学生在学校和家庭中主动做力所能及的家务事，不依赖他人代劳，养成“自己的事情自己做”的好习惯，培养学生的自立意识。

六、七年级两个班进行“洗碗筷”竞赛，要求参赛者按照指定的流程将碗筷清洗干净。碗筷卫生关乎人的健康，在比赛中强调卫生，并将其列为重要评价标准，让学生意识到卫生的重要性，培养学生爱干净、讲卫生的好习惯。

职高学段的学生要在熟练掌握家务劳动技能的基础上，学习初步的职业知识和技能，提高劳动技能的综合运用能力。面点造型是面点职业技能培训的重要组成部分。高中组四个班进行“面点花式造型”竞赛，将全部同学分为A、B、C三大组，各组分别进行彩虹棒棒糖创意造型、搓条、搓圆比赛。面团在参赛者的手中一搓一捏，成为一个个精美的作品。

湛江市特殊教育学校注重教学内容源于生活实际，关注同学们在学习、生活以及成长中所遇到的实际问题，从中捕捉有教育价值的内容作为课程的生长点，系统化构建课程内容体系。本次生活技能大赛检验了同学们的学习成果，让同学们将习得的劳动技能真正应用于生活，提高了同学们的劳动能力，让同学们感受劳动的乐趣、体验劳动的价值，培养同学们热爱劳动的情感，为同学们回归家庭、回归生活、回归社会打下坚实的基础。

（本部分供稿人黄飘平、金锐，引用时有删改）

四、我劳动，我快乐，争做生活小达人——第五届生活技能大赛

为进一步增强学生居家生活自理能力和个人劳动能力，进一步提高学生职业技能，促进学校劳动教育以及职业教育综合实践活动的深入开展，引领同学们学习劳动、实践劳动，学会劳动本领，养成劳动习惯，湛江市特殊教育学校培智部本着“以赛促训”的目的，于2021年12月16日下午举办了第五届生活技能比赛活动。

本次活动在洪婷主任和张日萍部长的组织下，由培智综合组谢辛新老师和培智高中课程组翟梦雅老师统筹开展，活动对象包括培智部一至八年级学生以及高中部学生，共150人。

比赛根据不同学段的年龄特点，“量身定做”了不同的项目。培智部一至八年级分别是使用书包、叠袜子、晾衣服、刨胡萝卜皮、剥荷兰豆五个项目，在操场开展比赛；高中部分别是做铜锣烧、套枕头套、使用夹子3个项目，在一体楼二楼面点室开展活动。每个项目分别在小组长和评委老师的组织下同时开展。

书包是学生上学必备用品，一年级新生应当首先学会使用书包这个技能。这项比赛是通过快速地把书本、文具盒、水杯放进书包，拉上拉链，再背上书包，最后调整好肩带这一系列操作，来检验学生使用书包的能力。您瞧，有的学生认真做好赛前准备；有的学生有序地将水杯放到书包；有的学生将一只胳膊伸进了背带，另一只胳膊正在努力地伸进另一侧书包带；有的学生动作敏捷，快速地背好书包，最后高高地举起了小手，他们做得有板有眼，真是可爱极了！

叠袜子是训练学生的手部精细动作，通过拿、放、卷、包完成叠袜

子。比赛现场准备了3双不同的袜子，5人一组进行比赛。同学们听到“预备——比赛——开始”后，耳边不时传来班主任的鼓励声：“快、快！加油！”在老师们的“加油”下，同学们一会儿就完成了比赛。

“晾晒”是培养特殊学生独立生活基本的能力之一，晾晒衣服属于生活技能课程教学内容之一，一分钟晾晒衣服是用以训练特殊学生学会个人自理及家居劳动的。因此，设计一分钟晾晒衣服比赛来进行生活技能训练比赛，可以展示特殊学生生活技能的掌握程度。随着裁判“开始”一声令下，同学们积极投入比赛，先拿起衣服的衣领，然后将衣架从衣领口伸进去，再将衣服挂在衣杆上，最后整理好衣服呈现在大家面前。

“刨”是培养特殊学生独立生活基本的能力之一，是训练特殊学生学会个人自理及家居劳动的个人生活的重要组成部分。五、六年级的学生在刨胡萝卜活动中充分展示了自己熟练的生活技能。“台上一分钟，台下十年功”，只有努力，才会有回报。据苏小杨老师讲述，一位学生在平时练习的时候还不能完整地刨完一个胡萝卜，但在今天的比赛过程中，他做到了，且比赛之后自豪地跟老师说：“我还是会刨胡萝卜的！”

“剥”是培养学生进行居家劳动基本的能力之一，是训练特殊学生学会个人自理及家居劳动的个人生活的重要组成部分。学生可以通过家务劳动认知自己，确立自己与他人的关系，使他们逐步建立起自身的秩序感、责任感和成就感。在比赛中可以检验和展示日常教学效果，同时让学生体验快乐，增强和巩固“剥”的能力，以达到增强学生个人自理能力的目的。七、八年级学生两个班共16名学生参赛。比赛要求先掐掉荷兰豆的头和尾，撕掉两边的筋，再放进相对应的盆子里，剥好20个荷兰豆用时最少的学生得分最高。

居家生活技能训练是培智高中劳动技能课程的重要组成部分。为了检验学生在面点烹饪、家政服务和生活适应方面所取得的进步，本次培智高中部生活技能比赛的项目有做铜锣烧、套枕头套、分类使用夹子。

在做铜锣烧的项目中，老师事先给同学们准备好面糊，同时将学生分为3组，每组4人同时进行。“我亦无他，唯手熟耳”。热锅，刷油，倒面糊……同学们熟练、有序地将在课堂所学的理论运用到实际操作中，在规定的10分钟时间内完成做好3个铜锣烧的任务。

“平铺枕芯，找到枕套的开口，用右手捏住枕头两边中心点，左手打开枕套，将枕芯塞进去……”现场时不时传来老师温馨的提示语和鼓励的话。同学们在老师和其他同学们的鼓励下，成功地完成了套枕头套比赛的任务。

“辨别桌子上不同的物品，根据物品的类别选择合适的夹子，将物品夹好。”操作过程虽然复杂，但是同学们在老师的温馨协助下，轻松而愉快地完成了分类使用夹子比赛活动。

崇德向善，自强不息。业精于勤而荒于嬉，行成于思而毁于随。湛江市特殊教育学校始终注重学生的劳动教育。本次大赛活动，让学生体验到劳动的乐趣和成功的喜悦，展现了他们的自理能力，激发了学生参与活动的积极性和主动性。

（本部分供稿人谢辛新，引用时有删改）

五、手工创意劳动我能行

手工创意活动对于培智学生而言是一门益智实操的活动，学生不仅可以结合与生活相关的内容来制作作品，还可以制作作品服务于自己的生活。因此手工创意活动在培智教育中被设置成一门课程，低年级称为美工课，高中称为工艺课，两门课程在不同程度上训练学生的动手能力。

根据前期对学生能力的了解及课程目标的制定设计本课程的内容，选择适合培智学生步调的组织形式，从而更好地开展课程，激发学生的课堂兴趣，符合培智教育的快乐教学。

启智高中的工艺课既是一门休闲娱乐的课程，又是一门手工劳作的课程，主要是采取以黏土画为主、以纸艺为辅的教学形式，让学生了解不同形式的工艺作品，如黏土画、刻纸、衍纸等形式的作品，培养学生对工艺作品的审美能力。此外，由于学生的能力参差不齐，学校根据学生的能力情况，结合学生的生活经验与需要，将一学期的工艺课程内容分为食物类与居家装饰类。其中，食物类主要是以超轻黏土为制作材料，触感、手法与面点课程大同小异，紧密联系了面点职业课程，可训练学生手部精细动作，为学生居家或走向社会奠定生活的劳动能力；居家装饰类主要是通过变废为宝的主题设计，通过收集纸箱、矿泉水瓶等可回收的废品制作装饰品，增强学生变废为宝的意识，提升学生居家装饰能力，提高学生艺术审美能力。不同材料制作而成的手工创意作品，有其本身的功能与作用，同时，手工创意的过程可以训练学生生活中需要具备的能力。

（本部分供稿人吴玉竹，引用时有删改）

六、环保手工劳动与特殊儿童康复

培智五年级的学生类型复杂，有自闭症、智障、脑瘫等多种类型。培智部的学生向来是“单人单教”。自闭症的学生，一般动手能力较强，对作品的完成度有较高的要求，在手工制作过程中，可以让他们对作品清晰理解之后再动手制作；智障的学生，一般理解能力稍差，动手能力一般，在手工制作过程中，需要教师较多关注与提醒，可以让他们在给出明确的目标后进行手工制作；脑瘫的学生，一般理解能力较好，动手能力差，需要锻炼手部灵活度以及手部的力量，因此可以让他们完成手工制作中一些机械性任务。

环境保护主题的手工制作课以“部分制作材料自己找，作品合作完成”的形式开展教学。在寻找材料的过程中可以培养学生的劳动意识和动手能力，作品合作完成，可以培养学生的集体观念和合作意识。主要收集的材料有废弃纸箱、塑料瓶、落花以及落叶，根据当下季节来决定制作内容以及主题，同时考虑不同学生的情况，调整作品的难易程度。

我们处于岭南地区，2021—2022学年第一学期初，正逢瓜果丰收的季节。在这个季节里，我带领学生进行了关于瓜果的一系列环保手工制作。

主要分为两个环节：第一个环节是寻找制作手工所需的材料，第二个环节是进行制作。根据培智课程标准以及五年级学生的实际情况，关于瓜果的一系列环保手工制作以皱纹纸揉捏和粘贴为主，瓜果的形象由废弃纸箱裁剪而成。

瓜果系列环保手工课程的第一个环节，以用2周收集手工所需的材料纸箱为开端。在这个阶段，将学生按动手能力分为a、b、c 3类：a类学生负责收集整个纸箱并将纸箱搬回教室；b类学生负责将纸箱裁成平整的矩形形状，方便后续使用；c类学生负责打扫裁剪完后的教室。

纸箱大部分在各个教师办公室，因此会促使部分有言语能力的学生与教师进行沟通，在培养学生动手能力的同时让学生学会如何与人沟通。将这个课堂教学安排在户外进行，学生的积极性很高，但对于特殊的孩子来说，他们对环境的依赖性较强，很难突然习惯这样的教学方式，因此在这个课程的第一周，教师一直在引导学生熟悉收集材料的过程与环境，真正开始收集和裁剪用去了近4周的时间。在辅助教师和陪读家长的帮助下，学生慢慢习惯了这样的课堂，当发现收集的纸箱已经远远超过需要的材料时，学生们已经熟悉美工课需要外出、与人沟通、收集纸箱、裁剪纸箱、打扫裁剪后的垃圾等等一系列工作。

最后，将裁剪后剩余的纸箱卖到废品回收站，用得到的钱买了一些瓜果，在分享劳动喜悦之余，认识了下一步课程中的内容——瓜果。

瓜果系列环保手工的第二个环节，进行每周一种瓜果的皱纹纸手工制作。主要以南方常见的水果为主，如西瓜、杧果、柠檬、草莓、葡萄等。制作过程分为4步：第一步，以当堂课学习的水果为原型，利用收集的纸箱裁剪成水果的形状；第二步，寻找颜色对应的皱纹纸，裁剪小段并揉搓成团状；第三步，将揉搓好的团状纸粘贴到水果形状的纸箱卡片上；第四步，共同绘制水果生长环境展示板，并将制作好的作品粘贴到展示板上。

在这个过程中，也将学生分为a、b、c 3类去布置任务。第一步，a类学生自行绘画水果的形状并裁剪，b类学生则将教师画好的水果轮廓的卡片进行裁剪，c类学生在教师帮助下直接使用工具进行裁剪。第二步，a类学生将皱纹纸裁成小段，b、c类学生揉搓小段皱纹纸。第三步，a类学生自行粘贴，b、c类学生在教师帮助下完成粘贴；第四步，所有学生共同参与绘制展示板，并粘贴制作好的水果手工作品。

瓜果系列环保手工作品制作活动，旨在培养学生的劳动意识，训练其手眼协调的能力。整个制作过程虽是分工合作，但是每一个步骤环环相扣，使学生明白作品是由大家共同努力完成的，促使同学互相帮助、互相成就。

第二学期，正逢春季，草长莺飞，花儿芬芳。在这个季节中，我们制定了与花儿有关的一系列环保手工制作。我们的校园里有一块空地，长了许多的野花野草，学校正准备铲除这些花花草草而重建操场跑道，因此我们想采摘花花草草制作手工作品：一是锻炼学生的动手能力，二是让这些花花草草在被铲除之前展示它们的美丽。

与花儿有关的环保手工作品的制作需要利用废旧纸箱，所以课程依旧分为两个环节去完成：第一个环节是搜集纸箱，第二个环节是手工制作。第一个环节的流程在上一学期已经基本熟悉，学生们很快就上手，甚至能做到举一反三，有的学生会把自己家里的废纸箱带来学校，有的学生在学校里见到废纸箱就会带到教室，对于放在教室的纸箱，学生能自发进行手工制作的初步处理，将纸箱裁剪成方便制作的大小。第二个环节，相对来说，稍微复杂，因为需要的材料是在户外的花儿，所以第二个环节每一堂课都会分为5个步骤去进行：第一个步骤，将纸箱裁剪成当堂美工课所需要的形状，如花瓶、裙子、皇冠、花篮等；第二个步骤，用彩笔粉饰裁剪好的花瓶等物品的形状；第三个步骤，到户外的草地，采摘当堂课所需要的花儿与树叶；第四个步骤，均匀地将胶水、白乳胶或者透明胶带涂抹或粘贴在教师指定位置，将花儿与叶子整齐干净地粘贴上去；第五个步骤，教师带领学生拿着自己的作品到户外拍照，将花儿最美的一幕留下。

制作与花儿有关的环保手工作品，让学生走出教室，体验在户外上课的新鲜感，让学生亲近大自然，明白环境保护的真正意义就是守护我们身边的一花一草。

这一学年的美工手工课程，让学生深刻感受到自己动手劳动以及手工制作的快乐，在扩展知识的同时，增强手眼协调能力的康复训练，在学习过程中康复、在展示过程中增加信心、在康复的过程中贴近生活，从而达到康复、学习、展示融为一体的特教教育理念。

（本部分供稿人黄一真，引用时有删改）

七、听障语文习作课中融入劳动教育

听障学生具有惰性强、理解能力弱、写作水平低等显著特征。聋校语文课程标准提出，注重认真观察、亲身体验、动手操作的过程，让聋生在生动活泼的语文实践中学习语文，掌握语文学习的基本方法和语言运用的基本规律。

近年来，湛江市特殊教育学校在劳动教育方面除了必修的劳动课程外，经常组织一些劳动教育实践活动。比如，副校长亲自带头每日的晨扫活动、校内外学雷锋活动、户外摘菠萝实践活动、家庭劳动教育等，这些实践活动都是很好的劳动教育写作素材。

现在手机的普遍使用，让人人都有记录美好生活的习惯，听障学生更是如此。在学生参与劳动的过程中，我会有意识地提醒同学们拍一些自己觉得有意思的照片。在同学们的镜头下，呈现了很多劳动带给我们的美好。如有大家不怕吃苦，汗流浃背依然积极投身劳动的画面；有大家互帮互助，齐心协力完成劳动任务的画面；还有大家经过艰苦劳动，获得丰收而喜悦的画面。这些照片，能够唤起学生在习作的过程中相关劳动的记忆，降低习作的难度，帮助学生更好地提高习作水平，同时能让学生深刻体会劳动创造的价值。

经过前期的素材积累和习作准备，最后我上了一节主题为《勤劳的“蜜蜂”》的习作指导课。我结合本班学生的实际，设置习作目标为：能够仔细观察图片内容，说出图片所表达的意思，并借助词语把图片内容写得准确、生动；能展开想象，丰富写作内容；能感悟到图片中传达的勤劳、热爱劳动等良好品质。

具体的教学过程，首先，以同学们自己拍摄的蜜蜂采蜜的视频导入，激发学生的写作兴趣；然后，请同学们观察一位同学拍摄的“蜜蜂采蜜”的图片，从易到难出示围绕这张图片写作的对比句，让学生明确写作方法的同时，心里有关于“勤劳”的意象；最后，让同学们用学到的习作方法反复练习写作，写自己之前拍摄的有关劳动的照片，在写作过程中感悟劳动的意义，使学生牢固树立劳动光荣、劳动伟大、劳动美丽的观念，形成勤劳、奋斗、奉献的劳动精神。

（本部分供稿人郭娅，引用时有删改）

八、环保与劳动，成长会更美

2018年2月，心光部环保教育课题组成立，之后环保教育活动一直以各种形式在心光部的教育教学中开展，有效地促进了视障学生环保意识的培养和环保行为习惯的养成。尤其是在校园垃圾分类方面，大多数同学都正确认识垃圾分类的重要意义，并努力在生活中坚持进行垃圾分类。

如何将劳动教育与环保教育紧密结合？在9月的一节数学课上，一道课本上的应用题让我与同学们找到了灵感。“五（1）班有班费24.2元，同学们卖废品又得了16.4元。用这些钱可以给小书屋买7本《少年科技》，也能买14根跳绳。一本《少年科技》多少钱？一根跳绳子多少钱？”如果我们将平时进行垃圾分类后的可回收垃圾收集起来，卖给废品回收站，而不是放进垃圾桶，不是也可以吗？在学校，最多的回收垃圾是学生写过的盲文纸、作业本。平时，各班的同学都是将这些废弃的盲文纸拿到一楼，放进分类垃圾桶。我们是不是可以到这些班级去回收，送到废品回收站去？这样，不但可以废物再利用，而且能增加我们的班费。是啊！而且动手收集整理、分类回收，这个过程就是劳动的过程。这不就是将环保教育与劳动教育结合于实践活动吗？说干就干，学生自发行动起来。

接下来的日子里，我眼见着我们班教室角落里堆放废纸的纸箱多了一个又一个。直到有一天，同学们对我说："黄老师，纸箱都装满了。"于是，当天下午，我和劳动委员蔡嘉颖将同学们收集了半个学期的废纸，送到了废品加收站，废纸49斤，一共卖得32元。多么令人惊喜、让人振奋的32元。

对于回收废纸、卖废纸这件事，同学们怎么看？

班长扬宙说："大家一直来所付出的劳动都是值得的，不但进行了垃圾分类，还增加了班费的收入。"

恒杨说："我觉得我们做了一件非常有意义事，既保护环境，还有钱收，太好了。"

冠莹说："一开始，我不好意思到别的教室去收废纸，每次跟着大家一起去时，看到那些同学都非常支持我们，还主动帮我们整理废纸，渐渐地，我也经常自己到各班去收废纸了。"

辉宏说："有的班级垃圾分类没做好，经常要从一堆垃圾里分拣出废纸，有点脏，但想想这些都是可以回收的，就坚持了下来，很值得。"

嘉颖说："以前也带着家里收集的废品去过回收站，但这次感觉很不一样，因为这是和同学们一起劳动的收获。"

这沉甸甸的32元，在同学们的眼里，比金子还要宝贵。这里面，凝聚着同学们对环保的坚持，对劳动的热爱，与各班同学进行沟通交流的锻炼，还有对自己的考验。

（本部分供稿人黄宝漫，引用时有删改）

九、让春天的绿意长驻——三月环境教育活动

新学期开展的生态文明教育对校园生活垃圾分类提出了更高的要求。在学校领导的指导下，围绕环境教育和生命教育，各班级开展了深入的主题教育。

上学期，心光部五年级的同学首先行动，主动到心光部班级收集废纸，一共卖废纸270斤，合计收入150元（废纸收购价时有调整）。新学期开学后，五年级同学们发现了一个新的现象，越来越多班级的垃圾桶里没有废纸了，原来别的班也行动起来了。一个学期下来，心光部二年级到六年级5个班，一共卖废纸205斤，收入123元。不仅在心光部，团委“仁爱自强社团”、启聪部、启智部也都行动起来，同学们从意识到行动都有了大幅度的转变，进行垃圾分类已逐渐成为学校学生的日常行为。

植树节这一天，学校给各班发了两盆郁郁葱葱的绿萝，还布置了任务：将绿萝分盆栽，用春天的绿意装饰教室，让大自然的活力陪伴同学们。接到任务后，心光部的同学们忙开了。平时回收的矿泉水瓶这时候发挥了重要的作用，各班同学在班主任的指导下，将矿泉水瓶剪一剪，将绿萝分一分，一束绿萝立刻变成了三束、五束……一间间教室里，有了一束束绿萝的装点，生机勃勃，绿意盎然，春天的气息更浓了。同学们不但要照顾好自己的绿萝，还要细心观察它，记录它的成长和变化。这个过程让同学们在其中发现了美，同时体会到了责任感！大部分同学是第一次种属于自己的小植物，有点紧张，担心自己种不好。但在老师的鼓励下，都纷纷表示：“我要好好照顾它，让它长得更快、更茂盛。”生活中的美，是我们可以亲手创造的，但保护这份美，需要我们每个人的努力。从绿萝的分盆而栽、矿泉水瓶的再利用，再到对小绿萝的照顾和观察，每个环节，都将环保教育与生命教育渗透其中，让学生在亲身体验中有启发、有感悟、有成长。

（本部分供稿人黄宝漫，引用时有删改）

十、在写作教学中奏响无声世界的劳动之歌

听障学生因为先天缺陷抽象思维能力较弱，对形象直观的事物比较感兴趣，写作对他们而言比普通学生更难，他们常常感觉无从下笔，没有具体明确的思路。老师可以引导学生记录劳动的全过程，理清写作思路。

如在与普通学生融合开展“共种一棵树，齐植一份爱”的植树活动时，可以让学生相互配合，共同合作，教师指导学生把植树的过程记录下来，将自己的体验变成文字，学生会有不一样的收获。在植树过程中，教师要趁机引导学生用心感受劳动过程，构思按照事件发生的先后顺序如何用习作表达，帮助学生理顺写作思路。因为学生亲身参与了植树这项劳动，在写作时就有话可说。教师在植树过程中指导学生熟记植树前、中、后的各个步骤，学生在创作时思路会更为清晰。

创造劳动契机让学生进行写作，既能让学生体验到劳动的乐趣、友谊的珍贵，又能在习作中感受到文字能记录美好瞬间的神奇作用，收获习作的成功体验。

校园劳动花样多。针对听障生，湛江市特殊教育学校开设了民族工艺（竹木牌匾雕刻、陶艺）、烹饪面点、机器维修、布艺、茶艺等劳动技术课程；黄岱校长每周都会带着学生在绿化带修剪枝叶，在菜园里翻土种菜；林观兰副校长亲自示范，带领学生每天晨扫，既打扫教室、宿舍，又完成包干区的卫生；还有部分听障生在食堂为视障生提供爱心服务。学生在课程学习、日常生活劳动、生产劳动和服务劳动中掌握了基本的劳动技能，体验到了动手操作的乐趣，劳动作文写作也不再停留在空中楼阁。

家务劳动我能行。很多学生在写作时常常抓耳挠腮，无话可写，究其原因是缺乏对事物细致入微的观察和缺少亲身参与的体验与感悟。我会让学生参与家务劳动并写周记，打扫卫生、煮饭、洗衣、洗碗等家务劳动常常出现在学生的笔端，尤其是容敏怡同学，从她的周记中可以看出她每周都会主动帮父母将家里彻底打扫一遍，就算累得腰酸背痛她都会咬牙坚持，因为在劳动中她感受到父母的不易。

社会实践齐动手。每年我们都会组织秋游、参展文博会、爱心义卖等社会实践活动，在这样的活动中学生们积极主动投身劳动实践，收获劳动成果，体会劳动喜悦。如在秋游中，有的学生负责采购，有的负责烹饪，还有的负责拍照摄影，全班齐动手的经历让秋游成为集体记忆中最有意义、最值得回味的一幕。

公益劳动有特色。为了拓展劳动教育实践资源，我们会定期组织学生深入社区开展免费按摩、义务清扫街道、垃圾分类在行动等公益劳动，让学生走出去与社会融合，在公益劳动中用心观察和体验，记录所做、所思、所想和所悟。

每一次的劳动经历都是宝贵的，教师在劳动结束后要结合习作要求，引导听障生对劳动过程进行反思和总结，写出成功的经验，反思失败的教训，只有这样劳动教育才能真正在学生心里扎根并发挥重要作用。

（本部分供稿人洪婷，引用时有删改）

十一、劳动之光照亮特殊孩子前行的路

湛江市特殊教育学校启聪部高三（1）班全体同学在劳动之光的照耀下，找到了自己的前行之路，道路越走越宽广。

用劳动缓解高考紧张的情绪。同学们在5月份开始进入高考期。同学们所报考的几所学校，都安排了聋人高考单招考试。在这紧张又高压的时间里，同学们没有放弃每天的校园保洁劳动，总是迎着晨光，一次又一次地拿起手中的扫帚，呼吸着清新的空气，享受着劳动带给他们身体上和精神上的放松。晨晚扫正是同学们放松休息的好方法，是他们在紧张学习之后的另一种生活乐趣。同学们说，他们喜欢校园保洁，每次把清洁区打扫得干干净净的时候，看到洒满树叶、灰尘的地面在扫把不停地“追赶”下恢复洁净的时候，心里觉得特别愉快。打扫完清洁区，大家再一起去打一场球，这种大汗淋漓的感觉特别舒服。同学们说，冲刺复习在晚自习的时候延长半个小时，精神再集中一点，就能有更好的学习效果。

在劳动中养成主动承担责任的品格。启聪部高三（1）班的同学会让教室、宿舍都时刻保持着整洁的状态。大扫除的日子，从来不需要老师的监督，同学们自行分工安排，迅速完成清洁任务，不留任何一处死角。一次周末，学校需要老师回校做教室和校园的清洁整理工作，因为我在外

地，没办法及时赶回来，想起周末留校复习的梁国华、唐才众、易宇辉等四位同学，发信息给他们，说需要他们在午休后做清洁整理工作。一会儿，同学们发来的视频里，桌子、地板整洁清新，教室、桌面物品摆放整齐有序，而易宇辉同学正在清除烂旧的窗户铁丝网……其实，校园日常的每一天都是“雷锋活动日”。外出做扫街道志愿服务，整齐的队伍出去，分散到街道每一个角落，每个同学都主动承担起清扫任务，每个角落都清扫得干干净净，任务完成后又整齐地集中回来。每一次，学生们都是“悄悄地去，悄悄地回”，街上的行人和群众并不知道这是一群特殊的孩子。

（本部分供稿人植秀红，引用时有删改）

十二、视觉语言教育——摄影教学走进课堂

摄影激活无声世界。它以光影和画面为语言，让听障学生专注地、单纯地、质朴地徜徉在校园、古老的街区、博物馆中……学生们用心观察和记录现实生活中的善与美好，以善养心，以善塑美，把镜头中的美化为善念、化为善行、化为感恩与自强的力量。

2014年，在湛江市摄影家协会的带动下，湛江市特殊教育学校先后有多名听障学生和低视力学生参加了公益摄影项——“第三只眼看世界”湛江残障学生摄影培训计划。在器材严重短缺的情况下，志愿者们经常自带相机来到校园，一对一指导湛江市特殊教育学校师生开展摄影创作、举办摄影讲座和影展，支持湛江市特殊教育学校师生成立摄影兴趣小组。2016年，学校开设了摄影兴趣课程，创建了功能较齐全的摄影室，成立了罗予团摄影工作室。

摄影课程是湛江市特殊教育学校的一门兴趣课程，也是湛江市特殊教育学校视觉语言康复训练的一门特色课程。实践证明，摄影对提高听障学生的审美能力、促进其视觉语言的发展、帮助其融入社会、培养其健康的兴趣爱好等方面都有重要作用。

从2014年至今，湛江市特殊教育学校摄影兴趣小组的学生作品多次

荣获国家、省、市级荣誉，不完全统计如下：2014年，易宇媚的作品《特校生活》获得“中国梦·我的梦”全国残疾人网络摄影大赛优秀奖；2018年，庞诗婷、王亚飞的作品《空间》《老街深处》获得广东省特殊教育学会举办的广东省特殊学生艺术职业教育研讨会摄影作品评比一等奖，何锦霞的作品《老街扬国旗》获得广东省特殊教育学会举办的广东省特殊学生艺术职业教育研讨会摄影作品评比二等奖，王亚飞、朱依如、陈俊波的作品《老街的孩子》《踏春》《幻境》获得广东省特殊教育学会举办的广东省特殊学生艺术职业教育研讨会摄影作品评比三等奖；2019年，庞诗婷的作品《影趣》获得“新时代好少年”广东省青少年书画摄影大赛一等奖，陈俊波的作品《幻境》、曹春霞的作品《视角》、李世柳的作品《方向》获得“新时代好少年”广东省青少年书画摄影大赛二等奖，陈嘉敏的作品《老街午睡的猫咪》、沈连云的作品《门》获得“新时代好少年”广东省青少年书画摄影大赛三等奖；2020年，沈连云的作品《会读书的手》在广东省残疾人联合会举办的第八届残疾人美术作品大赛中获得摄影类一等奖，陈嘉敏的作品《特校同学的双休日》、揭育科的作品《触摸人体模型》、沈连云的作品《学习布艺》、吴怡欣的作品《视障同学的梦想》在广东省教育厅举办的广东省校园摄影大赛中获得中小学生（含中职）组一等奖；2021年，陈嘉敏的作品《绣出心中的党旗》、刘健的作品《关注疫情信息》在广东省残疾人联合会举办的第九届残疾人美术作品大赛中获得摄影类三等奖。

在摄影教学的过程中，坚持“请进来，走出去”的教学方针。“请进来”就是请摄影名家到学校给孩子们讲授摄影知识，欣赏名家好的作品；“走出去”就是带领孩子们走进社区、大自然，和健听人一起合作、交流、创作，参加各种摄影展览，提升孩子们的审美能力和作品鉴赏水平。摄影作品点评以及学生写出自己的摄影作品的故事、内容，能够有效促进聋生的语言文字表达能力。这些年，摄影的种子在湛江市特殊教育学校生根发芽，激发了听障学生的学习兴趣，培养了学生的观察、审美能力和吃苦耐劳精神，磨炼了学生的意志。摄影促进了听障学生的发展和进步。

（本部分供稿人罗予团，引用时有删改）

十三、协同合作展厨艺，共创同享促成长

为了丰富学生的课余生活，拓宽学生的视野，感悟劳动光荣的美好情操，提高学生的自主合作能力和社会实践体验，进一步增强学生的集体荣誉感，培养团结协作精神，激发学生热爱大自然、热爱劳动、感恩生活的情怀，2021年12月9日上午，湛江市特殊教育学校启聪部全体师生，在领导的带领下前往森林公园，开展心理健康与劳动技能融合教育社会实践活动——厨艺大比拼。

初登场：紧张有序。美食的制作是从对食材的清洗、切配开始。在班主任的指导安排下，同学们分工合作，各司其职。有的同学负责清洗食材，有的同学负责清洗锅碗瓢盆，有的同学负责调料的制作，有的同学负责捡柴生火，有的同学负责切配食材，准备工作热火朝天。

展身手：一丝不苟。每个班级都不甘示弱，拿出自己的看家本领，展示自己的绝活。10时30分，同学们摇身一变成为大厨，烹饪、摆盘，每一个步骤都一丝不苟，有板有眼。一时间，锅碗瓢盆碰撞声、炒菜嗞嗞声汇聚成交响曲，有声有色。扑鼻的香味吸引了老师和评委们驻足观看，连连点赞。

秀特色：功夫了得。12时，参赛作品相继出炉。鸡鸭鱼肉海鲜俱全，煎炒烹炸样样有。鲜艳的配色，各具特色的摆盘大受好评。本次比赛邀请了学校的领导和职教的老师担任评委，他们以色、香、形、味作为评分标准，最终评出了小学部一等奖5名、二等奖6名，中学部一等奖5名、二等奖7名。每个班级还评选了厨艺小达人。

同分享：其乐融融。厨艺比赛结束后，各班之间互相分享彼此的成果，师生们享用着自己的劳动果实，传递着快乐，香在口里，美在心里。

垃圾不遗留，保护环境，人人有责。活动的尾声，同学们自发打扫，

认真清理垃圾，还森林公园一个干净的环境，全过程践行自然生态课程目标。

通过参加这次实践活动，同学们深深感受到：做任何事情，团队协作很重要，分工合作能使每个组员都有归属感，提高了大家做事的积极性。平时不爱表达、不善人际交往的学生，也在此次活动中学会与人交往，不知不觉受到了心理健康教育，增进同学情谊。贯穿始终的劳动体验让学生们明白了劳动的辛苦及享受劳动成果的快乐！

（本部分供稿人林师敏、刘伟、房琳琳，引用时有删改）

十四、爱的劳动是最好的教育

2020年我新接手的高二班级里，有个叫庄世拼的学生最令我头痛。虽然他天生听障，但很聪明，可惜对文化课学习一点儿兴趣都没有，对于清洁劳动更是不当一回事，是班级中响当当的“刺头儿”，着实让人头痛。

难道真的没有转变的可能吗？我在提高他的学习兴趣上下功夫，千方百计地创设机会让他获得一点表扬，多注意他，哪怕是微小的进步，也会及时地给予赞扬和激励。

在面点专业课上，我允许他用手机帮同学们查找面点配方与操作流程，再让他跟同学们分享。有时特意留他下来共同商讨工艺操作要点，给他“开小灶”，让他多练习操作。一开始他是排斥的，因为面点反复练习着实是个体力活，但有玩手机的权限奖励和老师手把手陪练，还是让他心动。在晚自习面点兴趣课中，我也让他参与进来，增加他练习的机会。课后的“开小灶”与兴趣课的反复磨炼，让他的面点专业操作技术提升不少，他慢慢尝到学习领先的优越感，面点工艺也获得空前提升，整个人心性沉稳不少。课前课后，同学们纷纷主动找他讨论面点工艺，大家的主动交流增加了他学习的动力，也增强了他操练面点工艺的信心。他的练习状态从开始的“被迫练习”到“将就练习”，最后到“沉浸式操练”。在学年专业作品展中，他个人制作的椰汁糕获得评委们盲评一等奖。有辛勤的付出，才有满意的收获，相信这道理已经刻入他的脑海。

对于班级日常专区的卫生清洁活动，他起初偷懒，不肯完成清洁任务。在强迫无效的情况下，跟他约法三章，可以减轻他的劳动任务，但作为交换，他要负责每次清洁前的人员点名考勤和最后的垃圾清零、工具收拾。每次轮到他小组值日，我都来抽检他的考勤或最后的垃圾清尾情况。如果能全勤并完成好专区卫生清洁任务，就奖励他次周在我面点专业课上使用手机进行面点资料相关方面搜索。从此，每周的清洁劳动，他不再躲避，反而还想通过增加他的值日次数来提高他使用手机的时限。他有时想早点儿丢垃圾，就主动加入卫生清洁的队伍。

也许他自己都没发现自己的上述变化。

他机灵又偏爱玩手机和电脑，是班中能通过文字与他人正常交流的两位学生之一。结合这一特点，在每次接到班级黑板报任务时，都由他负责用手机搜索与班会主题相关的文案材料，并到文印室打印出来；这满足了他想上网的欲望，同时发挥了他的优点。另外，他手语比较熟练，慢慢地我开始转发些学校通知给他，让他帮忙传达给同学们。再往后，校园内文印资料、物资领取的任务也渐渐落到他身上，虽然要来回爬楼梯，但他似乎已经忘记这些体力活的“累”，乐在其中。他跑在搬运队伍的前头，主动跟交接老师沟通协商。

以前他是个“混世大魔王”，班里的同学都比较怕他，他帮忙传递我通知的信息，进而同学们对他的态度由最初单纯的畏惧变成畏惧中夹杂着信服。令人想象不到，他现在似乎成了班级的纪律监督员，如果班里出现严重违反纪律的同学，他会主动教育这些同学。卫生清洁和跑腿活似乎成了他的美差，让懒惰的他爱动起来。在学期末，我们建议，提名他参加班级文明标兵的竞选。

经过两个学期的跟踪教育，让我惊喜：他如今像个班干一样，不再抵触劳动活动，反而带头参与，主动帮忙指导和督促同学们及时完成网上安全教育平台的学习任务（手机完成）。

在高三第二学期的时候，不少专业同学都选择在校内饭堂实习，但他自主提出想到外面工厂工作。对于他想打工就业的念头我是支持的，虽然他最后没有选择与面点专业相关的工作去就业，但他对未来有自我规划，勇于付出劳动，让我倍感欣慰。

（本部分供稿人陈智彬，引用时有删改）

第三节　劳动与主题教育活动融合育人

一、保护环境——我们在行动

为贯彻落实教育部《中小学德育工作指南》《中小学生环境教育专题教育大纲》《中小学环境教育实施指南（试行）》，树立绿色可持续发展理念，全面落实环境教育课程计划，切实培养环境意识，养成良好的环境行为习惯，促进学生素质全面发展，湛江市特殊教育学校根据《湛江市2021年中小学环境教育实施方案》，开展了一系列环境教育主题活动。

3月8日星期一升国旗后，视障部高一年级杨宇鹏同学在国旗下讲话，倡导同学们保护树木，学校少先队辅导员李莹莹老师向全校师生发出了“我为校园添绿意”的倡议书，倡议：“希望师生们爱护每一片绿叶，爱护每一株幼苗，爱护身边每一棵花草树木。充分利用空矿泉水瓶、塑料瓶等培育绿植，美化教室、办公室和校园。用自己的爱心为校园增添绿色，播撒绿色。”

3月12日，全体师生在校园开展“我为校园添绿意”主题植树播绿活动。清晨的校园里，大家干劲十足，配合默契，你挖土，我扶树，他浇水，个个忙得不亦乐乎。经过一番劳作，一棵棵苗木整齐有序，迎风挺立，在阳光的照耀下，一派春意盎然的景象。“多一片绿叶，多一份温馨，愿特殊孩子们在成长的路上，和小树一样不畏风雨，坚强、勇敢。”

3月13日上午，湛江市第二十中学初一（1）班全体学生、部分家长来到湛江市特殊教育学校，与心光部学生共同参与“共种一棵树，齐植一份爱”植树活动。经过近3小时的劳动，师生们种下了精心挑选的1棵大桂花树和10棵桑椹苗。此次活动不仅为我们校园增添了绿色，还种下了爱的种子，让我们视障部的同学们可以时时感受春天，感受普特融合带来的温暖和满满的爱意。

（本部分供稿人李莹莹、蔡昊辛，引用时有删改）

二、在自然中行走，于课堂外成长——记心光部2021年冬季社会实践活动

冬日暖阳，明媚如春。2021年12月2日上午，湛江市特殊教育学校心光部全体师生启程前往螺岗小镇，开展本学期的社会实践活动。目的是让视障学生充分感受户外的宜人景色，领略小镇别具特色的迷人风光，体验课堂之外不一样的经历，拓宽视野、增长见识，增进与外界的有效接触和对社会的了解，提高适应社会的能力。

用手触摸，缤纷的世界在手心里绽放。走进小镇，经过每一处风景，老师们都及时为同学们讲解，尽可能鼓励同学们伸出双手去触摸，通过指尖传递的信息，充分了解每一样事物的形状、大小、温度等，用心体会世界：树、花、小草、石头、雕像、竹子、铁轨……在这里，当同学们的双手伸出去时，仿佛每样东西都有了生命，给予每一只手最友好的回应：“很高兴认识你！”同学们脸上惊喜的表情分明在说：“很高兴认识你！”主动伸出双手，了解世界，更是与世界的对话。触摸之下的交流，有时候胜过老师千万遍讲述。

森林里探险，挑战自我、快乐无限！在小镇工作人员的贴心安排下，同学们乘坐小火车到达小镇深处的森林。这里仿佛是一个奇幻世界，让平时在校园里小心翼翼行走的视障孩子们，在老师的引导下，全变成勇敢的探险者。他们自由奔跑、大胆攀爬、勇敢闯关，而且越战越勇，经历惊险，更体会快乐！同学们笑着、跑着、欢呼着，欢乐响亮的笑声仿佛点亮

了全世界，草地更绿，蓝天更蓝，阳光更灿烂。这里有吊桥、滑索、吊网、独木斜梯等多种闯关探险趣味项目，老师鼓励每一位同学进行尝试。老师们陪伴在同学们身边，或带、或扶、或加油鼓劲，激励同学们大胆尝试、勇敢挑战，引导同学们完成一个个闯关任务的同时，帮助他们树立信心、克服困难、掌握方法。

与动物亲密接触，学习尊重与善待生命。在动物园，同学们仿佛看见了教科书，一只只在课本里的动物都出来了：马、驼羊、绵羊、孔雀、兔子……在这里，同学们有重要的任务，就是伸手去摸一摸，感受这些动物长什么样。这对很多同学来说，是大挑战。他们首先被动物身上的气味吓了一跳，又被动物们的叫声惊得后退。在工作人员的帮助下，动物们不乱跑了；在老师的鼓励下，同学们不退缩了。同学们与动物有了亲密接触，当善意与友好被看见、被领会，就能构建良好的沟通。同学们的纯真与善良，动物的温顺与友好，彼此的尊重与接纳，最后成就了他们和谐温馨的共处。在这里，同学们体会到大自然中的每一个生命都应该被尊重、被善待。

享受美食，更感受温暖。午餐时间到，赶到小镇餐厅时，服务员已为大家准备好了丰富而别具特色的菜肴——簸箕丰收宴！就餐的过程中，班主任和随班老师照样先照顾同学们吃饭。老师为全盲的同学夹菜、打汤、添饭，也鼓励低视力同学自力更生，更提醒有能力的同学帮助身边小同学。同学们全程感受老师的细心关爱，一句句“谢谢老师”传递了他们发自内心的情感。餐厅的服务员对同学的请求有求必应，为同学们添茶倒水，带小同学去洗手等，让同学们再次感受到来自他人的温暖。

最新奇的体验，最难忘的经历。许多视障同学根本想不到看7D电影、射箭、射击等这些项目和自己有什么关系，但这一天，每一位同学都体验了一回。同学们终于将书本上的内容与现实联系了起来：原来它们是这样的！视力障碍不是拒绝尝试和体验的理由，参与生活的方方面面，大胆地去经历想经历的，学习想学习的，会让生命丰富多彩。

在活动过程中，同学们遵守纪律、积极参与，充分发挥了集体的作用，体现了团结友爱、互帮互助的精神。更重要的是，在这次活动中，同学们亲身体验，体会到挑战自我的成就感、勇于尝试的快乐、团结合作的力量，通过触摸、聆听和参与，增长了见识、拓宽了眼界、感受到来自大自然的美好！一场社会实践活动，让同学们收获的不仅仅是一份美好的回忆，更有来自课堂之外的成长。

（本部分供稿人黄宝漫，引用时有删改）

三、追逐春的足迹，寻找春的旋律

为了不负美好的春光，2019年4月11日，我们到南国热带花园和寸金桥公园开展“追逐春的足迹，寻找春的旋律”的社会实践活动。

早上8点半，我们上了大巴车，从学校出发，一会儿就来到南国热带花园的北广场。只见以“三片叶”雕塑为标志、呈半圆形的北广场上，有许多人在晨练。特别引人注目的是，一群大妈正伴随着音乐的节奏，扭动着身姿，在跳广场舞。她们尽情地呼吸着春的气息，身上散发着春的活力。同学们下了车，稍微休息后，在老师的指挥下，排好队伍，跟随着拓展活动的工作人员来到一片空旷的草地上。同学们在工作人员的引领下，分别进行了“排排坐”“同心协力”“猴子过河”“车轮滚滚”四个游戏活动。同学们在游戏活动中团结协作，享受到了运动的乐趣，培养了集体观念。

拓展游戏活动结束后，各班的同学在班主任的带领下，在公园里踏青、游玩、拍照。同学们走到一个个美丽的景点前，摆出各种各样的姿势：或欢腾跳跃着把帽子抛向空中，或头对着头围躺在草地上做出胜利的手势，或排着队伍整齐划一地做着相同的动作，或搭肩抱腰挨在一起……他们脸上洋溢着青春的笑容，散发着青春的激情和活力。手机拍下他们笑着的瞬间，留下了青春的倩影。

午饭后，我们坐车来到寸金桥公园。同学们在抗法英雄雕像前观看，了解湛江人民抗法斗争的历史，明白了“一寸山河一寸金”的含义，心中产生敬仰之情。然后我们直奔寸金动物园，跟随着讲解员先参观海洋馆，看到玻璃池里的各种鱼类，在灯光的照射下，色彩斑斓；又参观陆地动物园区，各种各样的动物应有尽有：孔雀、苍鹭、天鹅、鹦鹉、老虎、狮子、猴子、长颈鹿、骆驼、小熊猫等。有的同学在观赏的时候，不禁产生了怜爱之心，友好地给一些动物喂食，抚摸一下温顺的长颈鹿，逗一下机灵的猴子，让人感到温馨和有趣。海狮表演的时间快到了，同学们赶快跑回表演场馆，找座位坐好，滑稽的互动表演后，驯养员就指挥着灵活可爱的小海狮行礼、套圈、滚铁轮、跳水上芭蕾、水中360度翻滚、水中跳跃接球、顶球灌篮等，现场爆发出阵阵掌声和欢笑声。走出动物园，同学们在游乐场里选择一些自己喜欢的游乐项目开展活动，最受同学们欢迎的游乐项目是开碰碰车。

此次社会实践活动让同学们亲近大自然，不仅放松身心，陶冶性情，磨炼了意志，增强了集体观念和环保意识，还寓教于乐，让同学们大开眼界，大饱眼福，学到了很多知识，体验到人与自然和谐相处的重要性，获益匪浅。

（本部分供稿人刘马雄，引用时有删改）

四、走进生态课堂，探寻红色足迹

在建党100周年之际，为让学生在多元互动的生态环境中触摸生活的脉搏，在劳动中感受动手操作的幸福，在革命基地中探寻红色记忆，湛江市特殊教育学校启智部全体师生以及部分学生家长前往廉江果园、廉江党史红色基地鹤地水库，开展本学期的社会实践活动。

“一年好景君须记，正是橙黄橘绿时。”一个多小时的车程，我们顺利到达橙园，金黄的橙子和碧绿的叶子交相辉映，立刻吸引了孩子们的目光。走进自然课堂，田园气息扑面而来，孩子们兴奋不已，心花怒放。在有序组织下，以班级为单位，组团摘橙子。孩子们在老师和家长的指导下，或与同伴互助，或使用剪切工具，或用小手掰的方式，尽情地实践。“这里有一个大的，那里有一个黄的。”“这边的漂亮，那边的好看。”……孩子们叽叽喳喳，仿佛与橙子是久别重逢的朋友，有的孩子还舍不得把橙子摘下来呢。橙子最美丽，孩子们最可爱！最后，孩子们与家长、老师们把亲自采摘下来的橙子，现场集体分享，让大家品味橙子的甘甜，体验劳动的快乐。空气清新的大自然课堂，让孩子们身心舒展、快乐成长，让学生、家长共同参与生态课程，在互动交流中培养孩子们适应环境、独立生活的能力。

实地感知党史，探寻红色足迹。下午，师生们前往雷州青年运河红色教育基地——鹤地水库建库开河纪念馆参观，实地感知党史，了解雷州青年运河独特的红色文化资源，探寻红色足迹。师生们以班级为单位，一一参观了建库开河纪念馆、运河群英雕像、群英万寿墙、鹤舞地灵雕塑、全国护水文化长廊、名人题字石碑、劳模纪念馆等教育场馆。在樱花盛开的季节中，孩子们在教师、家长的带领下，以个人独特的视角，重温湛江人民的革命斗志和英雄气概，重温60多年前湛江30万战士建库开河时艰苦奋斗的岁月，深切感受雷州人民建库开河的众志成城、不畏艰苦、敢于改天换地的英勇气概。师生们在一张张泛黄的老照片中，仍然可以真切地感受到青年运河奇迹留给我们的真义！

此次社会实践活动，湛江市特殊教育学校打造“自主、互助、劳动、优质、高效”的生态课堂，采用多元劳动的环境激发特殊学生的学习潜能，从而多感官、全身心、全方位、直观立体地感知生活的魅力、劳动的精彩以及党史的精神，真正让课堂的知识回归生活、回归社会、回归学生需要，有效贯彻落实特殊教育高质量发展的要求。

（本部分供稿人吴晓云、黄一真，引用时有删改）

五、用双手折出最美的时光

2021年2月26日，是我国的传统节日——元宵节。当天，校园里开展以“我们的节日——元宵节”为主题的教育活动，全体师生欢聚一堂，赏花灯、猜灯谜、舞狮子、吃汤圆……热闹欢腾、其乐融融。

与往年不同的是，这一天，校园里除了常规布置外，学校还根据防疫要求和方便视障学生“摸读”灯谜，为心光部师生单独设置了一个“专场”。心光部教学楼前的小操场与大操场红艳艳一片，这里是灯笼的海洋。一个个鲜红闪亮、多姿多彩的灯笼，在丝线的串联下，一排排、一行行，高挂在校园的空中，在春日的暖阳下、微风里，摇着、晃着，闪着光。心光部的同学们在灯笼之下欢快地穿行，或凝神摸读灯笼下的灯谜，或交头接耳，或三三两两笑着、摸索着，寻找下一个灯谜。每一位同学的脸上都挂着笑，听到旁边的老师和同学们发出赞叹：“好美的灯笼啊！”他们脸上就带些骄傲和满足……

他们骄傲，是因为这里挂着的每一只红灯笼，都是同学们自已亲手做的。做灯笼所用的材料，是同学们从家里带来的。今天，这里的每一份节日的快乐，都是同学们亲自参与创造的。没有什么比付出辛勤劳动后的收获更让人欣喜！生活是教育的源泉，节日是教育的契机。在开学初，结合庆祝元宵节的活动，渗透劳动教育、环境教育，进行文化传承，是本学期学校重要的教育任务之一。

在心光部，当接到《2021年“我们的节日——元宵节”主题教育活动方案》时，心光部掀起了一阵制作灯笼的热潮。做灯笼所用的材料，是各班发动学生回收新年期间用过的红包。首先，班主任提前发动本班学生收集新年用过的红包。这项活动得到了家长们的大力支持。在收集过程中，同学们再次体验到在生活中进行垃圾分类的重要意义，小小举动，就能进行资源再利用，既节约资源，又为生活增添了乐趣与美。在刚开始制作灯笼时，还有班主任担心：班上的学生都是全盲生，学不会；也有班主任担心：班上的学生年龄太小了，动手能力不好，完不成做灯笼的任务。虽然困难重重，但大家没有放弃。为了完成任务，心光部的老师们齐心协力，从班主任到手工课老师，到各科任老师，都积极参与其中。他们利用美工课或课余时间指导同学们，一起动手做灯笼。老师们先自己摸索，然后将制作灯笼的步骤详细地给学生讲解：如何裁剪、如何折叠、如何粘贴，然后手把手地教。当一个个红灯笼在同学们的努力下，渐渐成型，老师和同学们都笑了。这份快乐，也只有真正付出劳动与心血的人才能体会。

本来计划每个班制作5个灯笼，但最后的数量大大超出了预期，老师们感慨：原来我们的学生这么棒！元宵节当天清晨，在心光部楼前的小操场上，在老师的指导下，同学摸索着，用双手将自己做的灯笼一个又一个认真而细致地挂在丝线上。晨曦下，遍布操场的灯笼更红了，映在忙碌的同学们脸上，特别灿烂，特别美。

（本部分供稿人黄宝漫，引用时有删改）

第四节　劳动与后勤服务融合育人

劳动与后勤服务融合育人，一直是湛江市特殊教育学校的特色。自1988年开办聋校开始，聋生一直是湛江市特殊教育学校学生中最大的群体。聋生因为失去听力，在语言发展和逻辑思维能力等方面较弱，但他们的视觉认知具有独特的优势，动手操作能力、形象思维能力与健全人几乎是一样的。如何发挥聋生的视觉认知优势，通过动作思维和形象思维，因势利导地培养聋生的劳动素养？湛江市特殊教育学校把劳动课程与学校的后勤服务有机结合在一起，帮助学生形成适应个人发展和社会发展需要的劳动观念、劳动习惯、劳动技能和劳动品质，让学生在不断完成劳动项目中，懂得安全劳动、规范劳动的重要性，收获了自觉自愿、团结协作、有始有终为集体服务劳动的成功体验，增强了主人翁意识和集体责任感，养成自尊、自信、自强和自立的良好品质。

一、木工劳动课与后勤服务融合

从20世纪90年代起，湛江市特殊教育学校在聋部开设木工劳动课程，让学生使用简单的木料制作简单的教具和其他小木制品。随着学生木工制作技术的提高，老师开始指导学生制作教室的课桌、椅子和讲台，学生们充分发挥自己的观察能力、动手操作能力，自己动手，自力更生，自己制作自己使用。后来，不单是教室的课桌椅，老师办公用的桌椅，宿舍的储物柜、鞋柜和一些小柜子，装饰小木架，等等，都由木工课的师生们制作。除了木工课以外，当时学校还根据学生的实际和家长的建议，在课外开设木工兴趣制作小组，吸收更多有兴趣的同学加入木工制作队伍。木工兴趣小组的辅导是根据每个同学不同情况和技术能力进行个别指导的，他们在兴趣小组里可以根据自己的兴趣，自由学习制作各种各样的木艺作品或者制作桌椅的零部件。

木工课和兴趣小组的老师和同学们，还会根据学校后勤的安排，为每年秋季的新同学提前准备好课桌椅和宿舍的柜子等。当自己的课桌椅有损坏的时候，同学们会自己维修，自己更换。有些同学放假回家后，在家里制作椅子、凳子，还会主动维修家里一些木制品。同学们通过木工劳动学习后，懂得节约和爱惜木材，懂得爱护桌椅和物品，明白劳动的艰辛，自觉尊重劳动和劳动成果，养成了自觉爱护公物的良好习惯。木工劳动教学，培养了多名木工技术能手，其中脱颖而出的木工技术能手陈日凤自八年级毕业后留校工作至今，为湛江市特殊教育学校的后勤工作做出了很大贡献。

木工劳动课是湛江市特殊教育学校教育与生产劳动紧密结合的首次成功实践。这样的做法，不但为学校后勤节约了一笔不小的经费，无形中还拓展了学校劳动资源，给学生的劳动实践创造了更多的机会。木工劳动课成了学生劳动与后勤服务紧密联系的光荣传统，展现了一批批聋孩子自尊、自信、自强、自立的良好精神风貌，为他们回归社会主流奠定了坚实的职业基础。

二、金工课与后勤服务融合

金工课也是湛江市特殊教育学校20世纪90年代至21世纪初聋生初中主要劳动课之一。金工课主要让学生学习了解金工常用工具的用途，学会使用锤、锯、锉、钳等常用工具，掌握其安全操作要点，会进行简单的画线，能对金属薄板和铁丝等做剪切、弯曲、铆、焊等加工，会利用铁皮、铝皮制作简单的教具和日常生活用具。程度较好的学生还进一步学习了识图的基本知识，了解一般的机械保养、维修及常用工具的用途，了解螺栓、轴承与常用润滑油的知识，了解链条、皮带、齿轮等部件的构造及拆装机械的要求和顺序，了解自行车常见故障的检查和维修知识，能排除自行车一些简单的故障并更换其零部件等。在经过1—2年学习后，金工课师生就根据学校后勤维修维护任务的要求，利用金工技术给教学部门制作简单的教具和焊制日常生活用具，如制作铁线窗花、安全网，还与木工课师生共同合作，维修教室、宿舍和功能房的门、窗、锁等。总之，除了校园用电的有关任务需要专业的电工负责外，其他的维修维护任务大多可以由金工课师生解决。

学生正是在不断的劳动实践中，把所学的知识与技能在生产生活实际中充分应用，不单培养了学生对金工劳动技术的兴趣，增强了劳动意识，提高了劳动技能，还激发了学生的创造能力和探索精神。同时，学生在创造性的劳动中学习劳动技术，培养了艰苦创业的精神，为他们日后就业打下了扎实的劳动基础。先后有陈日聪、谭炳龙等十多名同学成为单位的技术能手。吴一兵同学后来在霞山创业，开了自己的开锁配匙店，成了远近闻名的修锁能手。谭炳龙开了自行车经营店，立业成家，筑牢幸福生活之基。

三、电器维修课与后勤服务融合

电器维修课是湛江市特殊教育学校聋部高中的劳动技术课。该课建立了专门的实操教室，紧密依托学校后勤的电器资产资源，有大量的常用电器维护、维修资源。该课教的主要内容是家用电器的使用和保养，让学生学会常用家用电器的保养常识、安全使用要求和掌握基本的安全用电知识，了解电烙铁或其他电热器具的性能和使用方法，了解洗衣机或其他电动器具的性能和使用方法，了解电冰箱、电磁炉、电饭锅、电风扇等常用电器的质量的常识，学会这些电器的使用方法和简单故障检查、维修方法等等。学生根据学到的基本的维修理论知识，利用后勤提供的各种正常或故障常用电器实物资源开展维护、维修实操实践活动。学生在拆除、检查、研究的过程中，逐步养成了碰到问题就不断思考和认真学习的良好习惯。个别成绩较好的学生，在维修过程中逐步锻炼了原来较弱的逻辑思维能力，培养了自己的劳动习惯，提高了自己的创新能力，为他们回归社会就业奠定了基础。

四、防风防汛劳动实践育人

湛江是一个多台风、多暴雨的南方城市，学校每年都要投入大量的人力物力进行防风防汛工作，行政后勤人员成为每次抵御台风暴雨及灾后复工复产的第一批生力军。

台风过后，当行政领导和后勤的同志们顶着烈日、挥汗如雨地操作着切割机切断倾倒的大树，搬移树干、用斗车清运满地的残枝落叶和垃圾后，在保障安全的前提下，教师组织高年级的聋生参与生产自救、自力更生、复工复课的劳动实践，让他们在真实的劳动场景体验劳动的不易、可贵，明白劳动是人生存的第一本领。学生看到井然的设施、清洁干净的地面、翠绿美丽的花草，因为强风暴雨而瞬间损毁、凌乱不堪时，他们也能产生敬畏大自然的感情；而当他们与校行政、后勤职员和老师们打扫清理、清洗恢复校园常态后，每个人的脸上都充满了喜悦，非常有成就感，劳动快乐的情感油然而生。每每这样，低年级的聋学生总是自告奋勇请求参与校园卫生保洁行动，他们一个个以小小的身躯主动担当起主人翁的责任。他们从教室跑到运动场，从操场跑到教学楼，汗水湿透衣服，衣服弄脏了也不在意，与行政、后勤人员一样忙这忙那，有条不紊地开展清扫清运工作，个个瞬间成长，变成了“小大人”，劳动效率比平时高出很多，场面感人。

盲生看不见，不能参与校园大场所的劳动，但他们不甘示弱，争先恐后在宿舍、教室进行清扫积水、整理内务，力所能及地参与灾后复学劳动。培智部学生因为走读，当他们回到学校后，虽然工作人员已把他们的学习场所基本整理如常，但老师们也会通过这样的劳动教育机会，利用上课时间，把学校教职员抗击台风暴雨的照片给他们看，然后根据学生的程度，有序组织学生再次对校园学习环境进行卫生保洁，让学生了解灾后卫生保洁与防病的关系，让学生明白卫生保洁劳动的重要性，从而乐于劳动，尊重劳动者、珍惜劳动成果。

第五节　劳动与卫生防疫融合育人

从1989年起，每年的4月被定为全国爱国卫生月，至今已34年。在爱国卫生月开展全校大扫除，是湛江市特殊教育学校师生一直坚持的卫生劳动传统。同时，为了提高湛江市特殊教育学校学生的自我保健意识、掌握改善生存环境的意识，湛江市特殊教育学校制定了详细具体的校园宿舍、教室、食堂、餐厅、楼道、校园公共区域卫生环境整顿、保洁的内容，按年级部和班级进行任务分工，以期彻底消灭卫生死角，引导学生改变不卫生、不文明行为，树立良好的卫生劳动习惯。

暑期是校园维修改造的黄金时段，校园设施改造、教室搬迁、宿舍维修、食堂设备维修维护等项目齐头并进。后勤人员以及维修人员奋战一线、干劲十足，严把工程质量关，确保施工进度正常。紧张的施工过程中，随处可见汗流浃背和矫健有力的身影，那浸透衣服的汗水是他们最美的印记。

为了给全校师生提供清新空气，总务处安排后勤组和生活组部分人员搬着沉重的人字梯，一间间教室、寝室查线路、拆风扇、洗滤网。他们忙前忙后一身汗，换来了下学期师生的清凉和舒适。

暑假高温高热，杂草生长快，树木缺水严重，绿化工作量较大。为维护校园绿化景观，后勤人员清除杂草、修剪花草、清理枯枝，纵使骄阳似火，他们挥汗如雨，指甲缝的污泥、黝黑的皮肤成了夏天给予他们的独特“勋章”。

新冠疫情期间，湛江市特殊教育学校根据学校和学生的实际，把开展爱国卫生运动助力新冠肺炎疫情防控工作作为学校劳动教育育人的重要内容。学校领导高度重视，从提高疫情防控工作站位的高度，把开展爱国卫生运动作为学校筑牢校园疫情防线的重要抓手，以防病为核心，以开展环境卫生整治、清理病媒孳生地为主要内容，在校园大力开展卓有成效的爱国卫生运动实践活动，达到劳动与卫生防疫融合育人的目的。

2022年8月4日，湛江突发疫情，学校总务处在做好服务保障的同时，坚持防疫标准不降低，防疫举措不掉队，强化管控，着力落实统筹防疫物资、采购分发物资到隔离围挡等各项措施，后勤人员日复一日严格按要求执行抗击疫情的任务，为在校人员的健康安全保驾护航。有领导更是从管控区外回到学校，坚守防控岗位，直到解封才回家，用行动诠释了逆行者的使命和担当。

（本部分供稿人詹晓清、易黎明，引用时有删改）

第五章 湛江市特殊教育学校劳动教育实践案例

在劳动中生活，在劳动中成长，劳动教育无处不在。下面从自我服务、家庭家务、简单生产、公益志愿、家校协同4个方面，精选湛江市特殊教育学校劳动教育的实践案例，旨在为特殊学校劳动教育提供思路。

第一节 自我服务劳动教育案例

自我服务劳动教育强调自立、自强，引导特殊学生学会照顾自己在学校的生活、学习。

一、自我服务劳动从小抓

为了让一年级新生更快转变自己的角色、适应小学生活，学校提出要做到自我服务劳动从小抓起，将家庭与学校自我服务活动相结合。

初见时你哭我闹——这是我刚接手启智一（3）班时的真实感受。孩子们对陌生的学校环境百般不适应，尿裤子、涂抹桌子、乱扔水杯与书包、随地扔垃圾等，问题逐渐呈现，自我服务意识差，无法解决自身的问题，由此你哭我闹的情况便自然在教室里频频出现。居家时，由于家长包办式的教育思想，孩子过着衣来伸手、饭来张口的日子，导致其生活自理能力弱，情绪管理、常规意识弱，具体表现在不整理个人物品、不注重个人卫生、没有做家务的意识。这恰恰是因为家长不注重训练学生自我服务劳动的能力，没有加强学生“自己的事情自己做”的意识，再加上培智学生自身认知受限，缺乏自我服务的习惯，更容易导致学生生活自理能力的退化，从而增加家长的负担。还记得新生家访时家长们与孩子们的模样，家长倾诉着自己的无奈，“孩子在家都没办法生活自理”“说什么都不听”“只有看电视才能够安静”“一直在刻板地做动作”等话语响于耳边，而一旁的孩子不是害羞地坐在沙发上看电视，就是一个人在某个角落里晃动着双手或者自言自语。其中一个学生让我惊讶不已，她软趴趴地躺在家门口，我尝试将该生扶起，但她还是侧着身体听着音乐，那一刹那让我一度怀疑我班是不是有一位肌肉萎缩的孩子，直到来到学校看见她矫健的身姿才打消这个念头。孩子们居家时表现出来的问题，根源在于孩子缺乏自我服务劳动能力。因此家校共同配合训练学生自我服务劳动的能力要从现在开始，从小抓起。于是便有了以下家校协同式的自我服务劳动的训练活动分享，在这个过程中，我逐渐看到孩子们的成长，也看到了家长们的变化。

首先，要增强家长与学生的自我服务劳动意识，撒下劳动的种子，萌发劳动的意识，为劳动教育的开展提供思想的保障。由于本班是一年级新生班级，学生们的劳动意识较为薄弱。这与家庭教育观念有关，家长很让学生动手劳动，更多是包办教育，导致大部分学生来到教室之后像甩手掌柜似的乱扔书包、乱放水杯，觉得班级卫生与自己无关。针对本班学生劳动意识薄弱这种现象，我组织开展劳动教育主题班会，设计符合与贴切学生的心智、兴趣的活动，让学生在活动中增强劳动的意识。此外还通过家长会、微信通信等形式及时与家长沟通，引导家长正确看待孩子参与家庭劳动，让孩子有机会、有能力参与家庭劳动，从而加强孩子居家劳动的意识，改变家长教育的观念。其实，口头宣导只能起到表面上的增强作用，并不能让家长和孩子真正动起来，只有实际有效的方法指导可以给予其方向，让劳动的意识转变成行之有效的行动。例如我会鼓励家长积极向我反馈孩子居家的问题及进步之处，通过家长直接反馈的方式，不仅可以减缓家长的焦虑与无奈，还可以直接跟踪了解学生居家劳动情况，并根据学生的实际情况提出相应的处理方法，从而让家长督促学生着手开展居家自我服务劳动训练。

其次，行动起来，让措施落到实处。激励家长尝试放手让孩子参与家庭劳动，可以通过视频示范特殊孩子的成功案例、班级的榜样学生等正向事例让家长知道自我服务劳动对于孩子的重要性，不舍得、不放手等于放弃孩子生活自理的可能与机会。为了共同的初衷——让特殊孩子有尊严、有选择地生活，家长们积极配合，纷纷将孩子居家劳动的视频分享到班级群里，家长之间互相分享孩子进步的地方及他们力所能及的居家劳动。家长们看到孩子劳动的潜能，对孩子劳动能力有了认可，逐渐看到了孩子无限发展的可能性。

除了家庭居家劳动，学校的自我服务劳动也不可缺少，从一开学便将劳动教育纳入教学计划，作为常规课堂的教育内容。如借助节日的契机，让学生投入劳动。五一国际劳动节是一年一度的节日，为了更好地歌颂劳动节，让学生了解劳动节的真正的含义，教师便让学生学习与劳动节相关的诗歌。此外，不同课程之间融合教学，如在生活语文课上学习劳动的相关知识，而在生活适应课或劳动技能课上进行实操。学生可以根据学习过的内容，加上教师的引导辅助，开始动手实操。教师将学生在学校实操的情况反馈给家长，让家长们居家督促学生开展实践活动，如学习套垃圾袋、洗碗、种植、叠衣服、穿衣服等，很好地将学生的学习成果应用到生活中去，从而更好地服务生活，提升学生生活自理的能力，真正做到家校共育学生。

最后，开展班级劳动活动，展现劳动风采，增强学生劳动的积极性。经过前期的劳动思想的培育、劳动活动的实践、劳动能力的加强，本学期便开展全员参与的劳动活动课堂，主要是借助家庭与学校两个平台让学生投入活动，不仅仅是劳动教育的体现，更是生命教育的延伸。具体的劳动形式主要有：借助二十四节气的特点，在教师的引导下，高年级的学生进行种植玉米、南瓜，在花盆里栽花等活动，在高年级学生的劳动榜样下，积极引导低年级的学生们欣赏高年级学生种植的劳动成果，感受植物生长的过程，懂得珍惜爱护别人的劳动成果，引导学生学会劳动，热爱劳动；家长参与种植的队伍，让家长与孩子共同种植一种植物，其中有些学生种植红豆、绿豆，有些种植大蒜，有些买现成的绿萝种植，学生可以观察植物生长的过程，见证生命生长的过程，鼓励家长将成果视频分享到班级群里，这不仅仅是一种亲子种植活动，更是反馈家长与孩子共同成长的机会。对于孩子们居家劳动的情况，家长要及时拍照记录，教师将其制作成照片墙，通过劳动示范的作用，让学生们更加积极投入劳动活动，以劳动为荣。

经过一年自我服务劳动的训练与体验后，孩子们的进步在日常活动中显现出来，家长们很欣慰，教师与孩子的关系更加亲近，学生、家长、教师三者之间的关系可谓其乐融融。孩子们会将自己居家劳动的事情和老师分享，家长们看到孩子的进步倍感欣慰，在学校孩子们能够听从教师指令装水、擦桌子，甚至套垃圾袋和扔垃圾等，逐渐有班级上课的氛围。而对于培智学生而言，自我服务劳动能力的提升可以辅助学生居家与在校的生活，增加学生的自信心。

学校的劳动教育对于残疾学生将来适应生活、融入社会、减轻家庭和社会负担，能起到很好的促进作用。作为培智学生的生活引路人，我们每一位特殊教育教师都有责任和义务让特殊学生通过九年制义务教育培养，逐步形成一定的生活技能，特别是劳动技能，用劳动开启美好幸福的未来人生。

（本部分供稿人吴玉竹，引用时有删改）

二、劳动赋能，点亮盲生幸福未来

有这样一群孩子，他们无法看见五彩斑斓的世界，他们会因为自卑而不愿意与人交流，会因为强烈的自尊而变得倔强甚至有些执拗，也会因为缺乏安全感而变得敏感以至于多疑，他们的父母承受着别人难以想象的“生命之重”，他们就是视障学生。

小彩（化名）就是其中的一名。已经15岁的她给我的印象是自卑敏感，情绪易受外界影响，常常因为一点小事就与同学争吵。她还经常不参加班级的劳动，劳动观念淡薄，劳动的自觉性差，一轮到她值日，她会以各种理由逃避，不是头疼就是肚子痛。自我要求极低，经受不住苦和累，生活自理能力差，没有形成良好的劳动习惯，已经初中的她，连衣服都叠不好。她虽然身材高挑，但盲态较为严重，不愿探索和接触周围环境，畏难情绪明显，认为自己什么都做不好。同时她表现自私，不懂感恩，不爱惜粮食，在食堂吃饭，只要饭菜不合胃口，扒拉两口就倒掉。小彩是典型的因为视力残疾导致生理和心理产生障碍，这严重阻碍了她的健康成长和发展。作为她的班主任，我必须想办法改善她的心理状况，提高她的自信心，激发她对生活的热爱。

对视障学生实施劳动教育，并不仅仅要让学生学会洗衣、做饭、打扫卫生等基本的自理，更多的是使劳动教育发挥应有的育人功能，帮助视障孩子树立正确的劳动观，培养学生热爱劳动、热爱生活，从劳动中感受到自己有创造美好生活的能力，增强生活自信心，提升盲生全面康复效能，助其顺利融入主流社会。

用爱呵护，培育习惯。我把“行为习惯养成”作为突破点，制定规则，坚持抓细节、抓小事，从个人卫生、着装和内务整理入手，逐一突破，逐一提高。在她值日的时候，我会刻意留下来陪她一起劳动，当然在劳动的过程中我们也会沟通交流，我会跟她分享我小时候学习干家务时遇到的“糗事”，我们也会以“如何才能快速将教室打扫干净”展开讨论，也会告诉她女孩子要爱干净才会更受欢迎等，在劳动中让彼此的心灵靠得更近，让她知道老师是真心为她好，我还经常借助表扬信对小彩取得的点滴进步及时进行评价，一点一点激励着她成长进步。经观察，我发现小彩领悟能力特别好，于是便利用晚自习时间，手把手教她学习整理和分类。在小彩学会分类和整理之后，我在班上举行了一次个人内务整理比赛，结果如意料中一样，小彩获得第一名，这给了她极大的信心。

私人订制，树立信心。在一次聊天中，小彩谈到她喜欢玫瑰，但也仅仅是在书本中读到过，好想亲身感受玫瑰的美。为了实现小彩这个愿望，顺势抓住这个机会培养同学们的合作精神，于是我制定了“团队式”的劳动种植机制，让同学们在劳作中开阔视野、陶冶情操、发展个性，培养集体荣誉感。我去花鸟市场购买了12棵玫瑰花、6个花盆、2袋土。每两位同学负责种植1盆（2颗）玫瑰花，我把小彩和一名低视生分在一组。所有的材料准备好之后，同学们兴奋极了，个个摩拳擦掌，往花盆里装土，栽种玫瑰，覆盖营养土，浇水，每一个种植步骤，同学们都做得一丝不苟。同伴合作，完成种植任务，交流种植经验，学习劳动技能。在这个过程中，同伴将小彩的衣服弄脏了，她并没有生气，鞋子被水溅湿了，也毫不在乎，脸上洋溢着的只有快乐的笑容，同学们都沉浸在劳动的喜悦中。完成种植之后，我便进行评比，小彩的同伴是低视生，所以他们那一组完成得最快最好，我趁机对小彩和同伴进行了表扬，小彩感受到成功的喜悦。种了玫瑰的花盆就放在教室的阳台上，小彩和同学们每天来到教室的第一件事就是看看自己的花长得怎么样了，给花浇浇水，修剪枯黄的叶子，在陪伴植物成长的过程中学会热爱生活、热爱自然。

耐心陪伴，收获希望。为了缓和小彩和父母的关系，我会不定期通过电话和微信的方式与小彩妈妈联系，对小彩在校的表现进行具体分析，把小彩在校的表现及时反馈给家长，使小彩妈妈能够详细地了解到小彩在校的纪律、学习、劳动等各方面表现，与小彩妈妈之间建立了和谐友好的关系，赢得了她的信任和支持，让她对小彩的成长充满信心。我会鼓励小彩利用节假日回家参与力所能及的家庭劳动，比如帮妈妈摘菜、扫地、洗衣服等。就在今年5月份因疫情停课一周，我收到小彩妈妈的微信（语音），她激动地说小彩现在有了很大转变，此次回家，小彩主动要求帮母亲按摩，跟母亲聊自己在学校的生活，并跟母亲表示自己想考大学，要努力学习。

在劳动教育中，学生可以理解到家长的不易，开始珍惜劳动果实，养成热爱劳动、热爱生活的良好品质。

（本部分供稿人陶海靖，引用时有删改）

三、劳动教育，励志明德

周学平是一个聪颖、乐观、倔强的小伙，曾多次参加残疾人艺术节活动，朗诵、唱歌时其浑厚的声线赢得很多掌声和赞誉。语文学习成绩尚可，其他学科用他的话说就是“反正看不懂”，也不想学。平时生活中不愿受约束，在家里养成了“衣来伸手，饭来张口”的习惯。我们学校盲生实行住宿制，刚接手他们班，我事无巨细照顾他们的学习生活，但周末我不在学校的时候，总会接到投诉，他经常全天不起床，不去食堂吃饭，不整理内务。

为了让周学平适应住校生活，能更好地融入班级，我尝试从劳动教育入手，培养他把劳动作为日常生活最基本的习惯。

提起劳动，最初周学平因为看不见，困在方寸之间，不动手、不参与。因此如何让他有动手的欲望，是首要问题。作为班主任，我充分利用班会时间，在传统节日或是同学生日聚餐庆祝时，倡议同学们一起布置桌面、摆放餐具，包汤圆、煮饺子，共品美食，交流心声，餐后清洗打扫。周学平爱吃面食，喜欢做面食，我就在活动中教他做饺子。但因看不见，他和面时无法按比例称量，我就指导他反复尝试，缓慢加水，将面搅成絮状，用手指感受面的软硬度。活动中周学平能动手实践、出力流汗，融洽了同学关系，锻炼了手部力量，不知不觉中也融入了集体，体会了劳动的乐趣。慢慢地，他不再抵触劳动。

通过观察，我发现周学平虽然看不到，但还是有光感，而且他的听觉、触觉异常敏感。例如日常想往水杯续水，我带着他到饮水机前，反复听空杯至满杯注水的声音，几次之后他就可以根据声音判断水杯里水量是否满了。以往，周学平脏衣物总是乱扔，我就趁着周五晚上，视力好的同学都回家了，特意到宿舍陪伴他，手把手教他叠衣服，整理床铺、衣柜。环境好了，学生进出也无障碍了。时间久了，他也愿意敞开心扉，心情也舒畅了。

湛江市特殊教育学校与市第二人民医院是共建单位。利用这个契机，我引导我班学生走出校门，利用按摩特长给住院老人送温暖，不仅让学生巩固了所学专业，也学到了许多深刻的为人处世的道理。在医院，周学平毫不嫌弃，耐心细致地帮老人按摩，陪老人聊天，竭尽所能使老人感到温暖。“别看这些孩子看不到，但他们心里比谁都明白，按摩拿捏到位，力度正好，我自己孩子都没他们做得好。”他在公益劳动中收获了自豪感，培养了他的劳动观念。

在公益劳动中，老人给同学们讲革命故事，说他们的爱国情怀，这也激发了周学平的拼搏精神，知道自己要努力学习。于是，他每天自己设定闹钟，按时作息，周末不回家，主动到教室做习题，背诵经络图，2019年以优异成绩考入河南推拿职业技术学院。

通过劳动教育，周学平觉得自己不仅仅是需要别人帮助的残疾人，更重要的是，自己有能力自理自立，并可以力所能及帮助别人。劳动教育是学生成长的必要途径，具有树德、增智、强体、育美的综合育人价值。

（本部分供稿人覃兆彬，引用时有删改）

四、做听障学生走向社会的引路人

2015年，我接手了一个全校闻名的“差班”，班里有“打架大王”之称的小智，有沉迷网络不能自拔的小庭。面对这群“声名在外”的学生，我开始思考新的育人途径。

常言道："亲其师，信其道。"开学不久就迎来了中秋节，我想利用这个花好月圆的日子，走到孩子们的身边，走进孩子们的心灵。我在家里做好了蛋挞，带上水果和月饼，到班里与同学们一起过中秋。我们边吃边聊天，我和孩子们打成一片，教室里留下了我和孩子们一个个温馨、融洽的剪影，我和学生的距离一下子近了。至此，我意识到节日的"仪式感"能让我和孩子们的情感升温，我决定把传统文化教育渗透在班主任的德育工作中。在元宵节，我和同学们一起制作灯笼、猜灯谜、包汤圆、吃汤圆；在清明节，和同学们一起做花圈祭祀革命先烈；在党的生日这一天，和同学们一起学习党史，设计爱国主题黑板报；孩子们过生日，我和他们一起吃火锅、玩游戏……通过节日的"仪式感"渗感恩教育和传统文化知识，教育孩子们铭记历史，厚植爱国精神，锤炼学生品质，传递文化自信，做自立自强的好少年。"爱出者爱返，福往者福来"，我收获了孩子们对我的爱，体会到了当班主任的快乐和感动：小钟看到我进教室，就马上认真擦干净椅子上的粉笔灰；小庭远远看到我，就跑过来帮我提东西；课间，我按按肩膀，小洁就主动来给我按摩……这一年，班级获得了学年"进步班"称号，我也得到了第一张"优秀班主任"的奖状，这给了我很大的鼓励，但更多的是感恩与思考。

我担任听障部班主任共7年。跟听障孩子相处的这些年让我深深懂得：为人师表，育才先育人，育人先育己，育己先育心。在教育生活中，我努力践行带着善心走进学生的生活，走进学生的心灵，把自己的专业特长融入班主任的工作中，帮助听障孩子塑造正确的人生观，做好听障孩子回归社会的引路人。具体做法有以下3点：

第一，重视家校协同，共创成长环境。当了班主任以后，我听家长说得最多的一句就是："老师，我不懂手语，不会和孩子沟通，希望您多多教导，多多关注。"可是学生毕业后终究要回归家庭，引导家长和孩子有效沟通，成了我班主任工作中的一个重点。在课堂学习中，我处处加入感恩教育，通过各种形式加强孩子们的感恩意识，鼓励孩子们给家长发信息。另外，我常常在家长群中分享孩子们在学校的日常，让家长了解学生在校的表现，让长期在外打工的家长多主动了解孩子近况。我收集学生一学期的奖状在学期末的家长会上颁发，让家长代表在家长会上分享家庭教育的方法。我给家长们分享孩子的感恩作文日记，尽量创造机会让家长和孩子们多沟通，多了解。老师和家长的爱是温暖的手，抚平了听障孩子身上孤独、敏感的逆鳞。毕业时，小猛的妈妈给我发了一条这样的短信："陈老师您好，这学期您教导小猛，他懂事多了，十多年来是这学期最听话了，非常感谢您。"看到这短信时，我的眼泪要夺眶而出，这样的教育反馈，是对我班主任工作最好的肯定。孩子们的教育离不开学校和老师，更离不开家庭和父母，通过家校协同教育双管齐下，给听障孩子创建一个有温度的成长环境。

第二，挖掘内在亮点，唤醒看齐意识。"任何种子都有自己的季节，每条河流都有自己的方向。"我们的学生，由于听力障碍，理解能力普遍不强，接受能力差。这就需要老师细心观察学生，了解学生的性格特点和兴趣爱好，做孩子学习知识的引路人。湛江市特殊教育学校的职教班有烹饪点心、电器维修、工艺美术3个专业。我是职教班的班主任，也是他们的版刻艺术专业课老师。2017届的景华，小时候不爱学习，文化课基础差，不爱说话还脾气暴躁。分专业的那天，其他同学很快选择了自己喜欢的专业，景华迟迟没有选，犹豫了很久，他才选择了我的工艺美术课。有一次放学了，我发现景华一个人在教室里摆弄一部坏了的手机。我好奇地问他："能修好吗？"他摇摇头，告诉我，他只是想知道手机里是怎么样的。于是，我引导景华学习维修，他很感兴趣。后来，他学习很积极，班里坏了的桌椅都是他修好的。记得有一次班里大扫除，他二话不说把班里的几个挂扇都拆下来，分部件拆开洗干净，又重新组装好，同学们都夸他厉害。我很开心，请他当班长，帮助我管理班务，他同意了。此后，这个调皮的男孩开朗自信起来，成了我的好帮手。

伟模也是2017届的一个腼腆的男孩子，平时不爱说话，在班里存在感很低，但是在我的版刻艺术专业课上，他版刻的专业水平进步很快。我让他当起了小老师，指导效果意外好。我推荐伟模参加广东省中小学生美术作品大赛，他的版刻作品《动物世界》获得了全省一等奖。这激发了学生们的看齐意识。在学校职教处的支持下，我积极开展职业教育教学成果展，向全校师生展现了职教班学生的专业水平。我把学生的作品汇总，编辑成一本教学成果集。学生的版刻作品还走出了校门，被邀请到海大青协爱心义卖活动、足荣村手作节和深圳文博会，得到了社会各界爱心人士的关注，许多社会团体开始到我们学校开展版刻艺术课兴趣交流活动。孩子们的专业课程学习氛围越来越浓厚，成绩越来越好，在广东省首届特殊教育学校职业技术教育展示面点比赛中，诗婷获得二等奖；光佑等13名同学在2019年广东省特殊学生艺术职业教育研讨会艺术作品评比活动中获奖。

第三，心怀大局意识，搭建就业桥梁。对听障孩子来说，获得一份谋生的职业，是他们能真正融入社会的基础，学校教育与就业的衔接是学生回归社会的“最后一公里”。怎样才能让学生认识到在社会工作和在学校学习的巨大差异？在学校组织师生参展深圳文博会的时候，我极力推荐我班景华、伟模、光佑几名同学参加。学生走出校门，增长了见识，拓宽了视野，他们回到学校后，主动在班里和同学们分享参加展会的趣事：坐地铁、看电视台采访等，还看到展会上很多惟妙惟肖的文化工艺品和新奇的科技产品，同学们听得津津有味。疫情期间，学生留在学校实习，得到指导老师的高度赞赏。高三毕业前，学校积极联系企业帮助同学们解决就业问题。6月底，我班景华、伟模等7名同学成功被圣华玻璃厂录用，其余学生也找到适合自己的工作。

（本部分供稿人陈映月，引用时有删改）

五、那些流动在指尖的智慧与温暖

2018年9月，我担任听障高一（1）班班主任。班长的名字叫林楚明，是我的得力小助手。他先天性失聪，瘦瘦高高，眼里就像有小星星，目光清澈而明亮，笑起来温暖有神。他美术功底很好，画画惟妙惟肖，动手能力强，总能做出一些让人意想不到的手工作品。

我的房间挂着两个千纸鹤，这是林楚明和同学们一起送给我的，他们在用自己最质朴的方式表达着对老师的敬爱和喜欢。2019年妇女节，林楚明和同学们第一次送我千纸鹤。那个粗糙的面板被磨得光滑透亮，为了美观，他还特意将面板打造成了圆形。这个圆形的面板还要承担着固定电源和穿插电线的功能。我能想象到一位听障学生纯粹靠手工来完成这些工作的难度，我窥见了听障生们纯粹美好而又充满智慧的内心。教师节，我收到相较于第一次做得更精美、功能更齐全的发光千纸鹤。面板增加到了四个，中间还夹了两层圆形的硬纸盒，让整个面板显得厚重，更有质感。面板背后，用电线摆成一个五角星，在五角星的正中镶嵌着一个黑色的小音响，待仔细研究后，我发现这次的千纸鹤不仅会发光，还有播放音乐和显示时间的功能。这是一双怎样的巧手啊，这双巧手一定能创造更多奇迹。

在一次文艺汇演中，我们班集体表演课本剧《桃花源记》，为了让表演更形象，林楚明用硬纸板做了一艘大船，这艘船两边的船身配有纤绳和木浆，木浆也是用硬纸板剪切而成的，表演者站在船中斜背着船身一边划动木浆一边向前走。我和同学们连连称赞。我们还需要一扇门，要演出推门而入的感觉，是林楚明成功完成了这个任务。他从美术室找来了一块很大的黑色立体压缩板并按照一扇门的规格在压缩板上挖出了门框和可以灵活推动的一扇门，整个道具往舞台上一摆，特别逼真。林楚明凭借着自己的一双巧手和一件件充满着创意与智慧的道具，获得了“道具大神”的称号。

2021年6月，林楚明以优异的高考成绩被长沙职业技术学院艺术设计专业录取。就在他即将离开这所陪伴他成长了12年的特殊学校之际，他请我帮他完成一个心愿：给黄岱校长送一份礼物。我笑着点点头，他拉着我往启聪教学楼美术室走。到了美术室，他从一个上锁的柜子里拿出了一个用塑料薄膜盖好的东西。掀开薄膜，我仔细一看，感觉这是一个我特别熟悉的地方，我突然认出来：这就是他用手工做成的启聪教学楼模型啊！他看到我认出来了，也非常激动，赶紧插上电源，向我展示整栋楼亮起灯光的样子。黄校长收到礼物后，一眼就认出了这是启聪教学楼，看了又看，爱不释手，不停地称赞林楚明很用心，还主动抱了抱林楚明，鼓励他上大学后要继续努力，要靠自己的双手自食其力，成为聋生自立自强的好榜样。

林楚明就是靠那一双灵巧的双手，让我一次次刷新了对他的认知，虽然他不能说不会听，但他的双手会说话，这双手做出的东西能体现他的思考和对周围事物独特的感知，他在一次又一次动手操作中增长了智慧也磨炼了心智。只有手脑并用的手工劳动才能制作出精美的手工作品，而且手工作品没有一次就能成功的，他在无数次失败的尝试中逐渐练就了一颗强大的内心，也在无数个精细动作的磨炼下变得更灵活、更专注、更自信。最难能可贵的是，他还用这双充满智慧的双手为他人送去了温暖与感动，喜悦与幸福。

劳动成就美好，只有通过辛勤的劳动、诚实劳动、创造性劳动，梦想的阳光才会照进现实，我相信这双为我们带来智慧与温暖的巧手一定会为他开创一个美好的未来！

（本部分供稿人洪婷，引用时有删改）

六、用劳动教育助力特殊儿童的成长

当劳动教育遇见特殊教育，劳动教育怎样助力特殊儿童的成长？下面以湛江市特殊教育学校视障部一年级学生的成长故事来回答。

特殊儿童里有特殊人物。上个学期，根据学校的工作安排，我兼任了学校视障部生活老师，迎来了一年级的新生。一年级里有一些生活自理能力较差的孩子，也有一些存在多重障碍的孩子，其中，小桓同学情况很特殊。小桓马上就满10岁了，之前没上过幼儿园，长得很壮，除了有视力障碍之外，有时控制不住自己的情绪，会因为其他同学开的玩笑或无意的举动而忽然情绪失控，做出打人或者躺在地上的动作。因此，要一直把小桓带在身边看着，但是这不是长久之计。

有一天早上，小桓吃完早餐后和我说："刘老师，我们比赛看看谁更快回到值班室呀！你坐电梯，我走楼梯！"我说："好呀，开始吧！"后来是小桓先回到值班室，他笑得好开心。接下来，我要利用早餐后至早读前这段时间指导学生们搞好宿舍的卫生，包括扫地、拖地、倒垃圾、整理床铺等。那天恰好轮到小桓值日。他不明白为什么是他负责搞卫生，他也想像其他同学一样吃饱就去玩，他说他不喜欢劳动。眼看着他这个"人肉拖把"又要开始用肚子"擦地"了，我灵机一动，说："小桓，我们继续比赛好不好？"他一听，来了兴趣，马上从地上爬起来，说："好呀！比什么？"我说："我们比比，看谁搞卫生比较快，好不好？"他开心地说："好呀！"马上跑去拿扫把，他能模模糊糊看到一些，而且他不会偷懒耍小聪明，门后、床底等位置都扫得很认真。我回到值班室后正准备开始干活，就听到小桓的声音了。他跑过来说："刘老师，我扫完啦！"我说："哇！这么快？你好棒，比刘老师快好多！"我边说，边观察他的表情，感觉他还能"承受"更多之后，我继续说："扫完地，我们还要拖地和倒垃圾，对不对？我们继续比赛呀！"他听完后点点头，很大声地说："好呀！继续比呀！"那一天，依托比赛，小桓按时、按量地完成了宿舍清洁任务，脸上挂着的笑容比天上的太阳还要灿烂，我也高兴极了，表扬了他，并约定下次继续比赛。

我在进行教学反思的时候想，用比赛的方式使小桓主动自觉地进行劳动，可能是一个不错的办法，但小桓只是享受其中"我比老师快"的快乐，没有明白为什么要进行劳动，更不用谈爱上劳动了。看来，我还要继续想办法。怎么做呢？我主要从以下三个方面展开行动：

一是挖掘小桓在劳动时的闪光点并及时给予表扬，形成积极的劳动氛围。之前我发现小桓搞卫生的时候很认真，不会投机取巧，只要答应了老师，就肯定会做得很好，也不会中途放弃。我不但在私底下表扬小桓，而且在宿舍其他学生在的时候再次表扬小桓，意在创设一个积极的劳动氛围，让大家都动起来。

二是给小桓创造更多劳动的机会。除了日常的宿舍卫生，我会给小桓创造更多劳动的机会，比如，让他帮忙倒垃圾，或在别的同学不方便的时候，让他帮忙去打水，或让他洗衣服。小桓从一开始的不理不睬到后来慢慢变成主动找活干，老师们都感觉他改变了。

三是树立劳动榜样，传递劳动的快乐。在干活之余，小桓和其他学生总喜欢在值班室和我玩，找我聊天。有时候，我会给他们分享一些劳动榜样的故事，比如袁隆平爷爷、铁人王进喜，通过讲故事，让他们感受到劳动能给人带来快乐，我想让他们也发现这种快乐。我也会经常和他们提起他们的爸爸妈妈，一辈子都在辛勤地劳动，给孩子们起了很好的榜样作用。

一个学期过后，小桓情绪失控的次数少了，即使偶尔化身“人肉拖把”，只要我们和他说：“小桓，老师遇到小麻烦了，你帮帮我，好不好？”他很快就会从地上爬起来，擦擦鼻涕擦擦眼泪，说：“好呀！”然后就开开心心地干活去了。一开始我们想尽办法让小桓承担宿舍清洁任务，到后来惊喜地发现小桓不但变成一个喜欢劳动的孩子，而且行为方面也有了极大改善，老师们都反映小桓这个孩子越来越懂事了。

我们掌握了教育小桓的“钥匙”，这把“钥匙”就是劳动教育。用劳动教育助力特殊孩子成长，将劳动教育融入日常教学之中，使学生具备一定的劳动知识和劳动技能，形成劳动价值观和养成良好劳动素养，成为全面发展的人。

小桓的成长故事到这里就结束了，但小桓的成长还在继续。我相信，劳动教育这枚“成长的钥匙”，将一直陪伴着他不断进步。

（本部分供稿人刘晓，引用时有删改）

七、在劳动中培养学生的劳动意识

如何做到劳动与教育结合？怎样培养学生正确的劳动意识？我以湛江市特殊教育学校视障部一年级学生的成长故事为例，分享我如何在劳动教育中培养学生的劳动意识。

“姐姐不肯扫地，我该怎么办？”这个学年，我们学校视障部迎来了一年级新生，他们之中有的较好，有的则需老师花更多的耐心来看管和教育，小君、小琪这两姐妹就是我们故事的主人公。姐姐小君10岁半，无视力；妹妹小琪刚满8岁，低视力。两姐妹长得惹人喜爱。她们特别喜欢让我抱着她们。一个周日下午，宿舍里只有她俩，我到宿舍叮嘱她们，如果下午不学习，那就要利用这段时间来洗澡、洗衣服、整理衣柜。我回到值班室，发现小琪在等我。我问：“小琪，怎么不回去洗澡呢？”她说：“刘老师！今天轮到小君扫地，但是她不肯扫！”我一头雾水，牵起小琪就往宿舍走，边走边说：“等下老师看看发生了什么，你先回去洗澡，好吗？”小琪很大声地说：“不好！不好！我就要小君先扫地，她扫完地我再洗澡！”眼看小琪眼泪都要出来了，我赶紧加快步伐。到了她们的宿舍后，我看到小君一个人呆呆地站着，我喊了几声，她没应我，我只好再问小琪到底是怎么回事。从小琪口中，我得知小君不懂扫地。我在小君面前弯下腰，搅着她的肩膀，小声说：“小君，每个小朋友都要学习搞卫生，这样才会变成很棒的好孩子。刘老师教你怎么扫地，好不好？”说完这番话，小君还是不理我，我从她的表情中看到她对未知事物的恐惧，她不确定自己能不能做得到。确实，对于一个有视力障碍的10岁孩子来说，扫地不是一件容易的事情。于是我又说：“小君，老师觉得你心里一定很想扫地，但是因为还不懂，怕扫不干净会被老师批评，所以你不敢行动。对吗？”小君轻轻点了点头。我一看有戏，赶紧再接再厉：“小君，你不用害怕，你只要按照刘老师的方法，一定能把地扫得很干净，而且刘老师就在旁边陪着你，如果有没扫到的地方，我会第一时间提醒你，而且你扫完之后，我还会帮你检查，保证让你完成任务！去吧，把扫把先拿过来。”小君终于肯去拿扫把了。我一步一步地教她，最后小君可以自己扫了，虽然速度很慢，而且因为看不见的原因，扫得并不干净，但我还是感觉很欣慰，并暗暗下决心，一定要和其他生活老师一起努力，让小君尽快掌握这项技能。因为其他年级的视障生经过锻炼，都能够很好地完成劳动任务，我相信小君也一定可以。

“妹妹生气了，我该怎么办?”妹妹承诺，小君扫地，她就去洗澡，一开始我因为教小君扫地心切，没有时间思考这里面有什么不对劲的地方。但是，小君已经开始扫地了，小琪还是不肯去洗澡，我喊了她2次，她都不理我，而且还一脸委屈地坐到地上。我赶紧把她拉起来，问是不是哪里不舒服，她开口就说：“我不要你教姐姐扫地！我不要你教姐姐扫地!”我问她：“小琪，为什么不让老师教姐姐扫地?”她不配合，一直说：“就是不要，就是不要!”我继续问：“为什么呀?你不希望姐姐赶紧学会扫地吗?”小琪说：“不公平!”哦，听到这里我有一点明白了，继续哄小琪说出自己的想法。原来，小琪觉得每个人都应该公平地分摊卫生清洁任务，小君应该自己扫地，老师不能帮忙，如果帮忙了，小君就不是独立完成清洁任务，这样对小琪来说不公平。我意识到小琪不理解劳动的意义。这时，小君已经扫完地了，我让她先去洗澡，然后让小琪在床边坐着，我坐在她旁边，搂着她，问她：“小琪，如果小君今天没有扫地，会发生什么事情?”她回答，会被老师批评，还会被值日生扣分。我说：“哇，好可怕。所以我们最好不要让这种事情发生，对不对?”她点点头。我又问：“有些同学的卫生搞得很好，但有些同学因为在家里没搞过卫生，就像小君，她不懂搞卫生，如果安排她，很可能会因为不能完成任务而使得班级被扣分，那你知道为什么老师还要安排大家轮流搞卫生吗?”她不吭声。我轻轻拍拍她手臂，跟她说：“每个人都有打扫班级和宿舍卫生的义务，就像你说的，这样才公平。但是我们搞卫生，并不是因为怕老师骂，或者怕被扣分。清洁卫生搞好了，我们才能在一个更好的环境里学习、生活，而且我相信，每个小朋友都想自己的教室和宿舍干干净净的。你说是吗？”小琪点点头。我继续说：“小君她不会扫地，就没办法为班级尽一份力，她心里也会难过的，而且她看不见，没有办法模仿着学习，如果一直不教她，她以后都不懂怎样扫地，等她长大了，就会变成一个不懂得劳动的人，今天刘老师用很长的时间去教姐姐，刘老师不是想帮她扫地，而是希望她快点学会扫地，以后她就可以自己扫了。”小琪听完我的话后，心情变好了，愿意去洗澡了。我心里的那口气却没松，我觉得对于劳动教育，我们能做的事还有很多。

经过这件事，我发觉自己以前在对学生进行劳动教育的时候，关注最多的是学生有没有掌握某项劳动技能，没有关注学生是否真正理解劳动的作用、劳动的意义，导致一些低年级的孩子单纯地把劳动与班级荣誉挂钩。我决心改变自己的教学方法，让孩子们形成正确的劳动观念。经过一段时间的摸索，我找到了一些突破口：

一是多分享劳动模范的故事。我有意识地多收集劳动模范的事例，并将他们转化为一个个小故事，遇到合适的时机就分享给学生，营造崇尚劳动、尊重劳动者的良好劳动文化氛围。使学生们在潜移默化中深化对劳动的理解，以劳动为荣，形成正确的劳动观念。

二是成立互帮互助小组。劳动教育重视实践，特殊孩子因为存在视力障碍，没办法通过观察的方式学习劳动技能，需要通过一对一指导才能逐步掌握。一个老师没办法同时兼顾多个学生。成立互帮互助小组能帮忙解决这个问题。请低视生做小组长，帮助看不见的同学，孩子们有他们沟通的方式和传递经验的方式，效率高，而且教人的和被教的都能从中获得满足感，学习劳动技能的同时巩固了友谊。

三是鼓励学生多做力所能及的劳动。让热爱劳动的种子生根发芽，鼓励引导学生们做一些力所能及的劳动，让他们体会劳动的乐趣，培养学生热爱劳动的意识。当劳动变成一件快乐的事情，那让学生爱上劳动就变得简单了。

人间万事出艰辛，劳动是一切幸福的源泉。在劳动中培养学生的劳动意识，是帮助学生学好劳动这门人生必修课的关键。

（本部分供稿人刘晓，引用时有删改）

八、成长践于行

由于听障学生的生理局限，我无法通过常规的沟通方法对他们进行劳动教育，这就决定了聋生劳动教育方式是多“做”而不是多“说”。在教学过程中，我发现他们比普通学生脆弱，很容易因别人的否定而陷入低迷的情绪，因此我必须更加注重保护他们的自尊心，时刻关注他们的身心健康。

劳彦俊是我教的一名听障学生，他皮肤白皙、长相秀气、衣着整洁，看得出家长对他的照顾是非常精心的。一年级学期刚开始时，家长也找到我，表示在家里把孩子养得比较娇气，希望我多多照顾他们的孩子。我不禁有些担心：家长如此心疼，他平时在家真的有劳动的机会吗？果然，在教学生叠衣服时，我发现劳彦俊四肢动作并不协调，叠得手忙脚乱，他叠出来的衣服并不平整，他不熟悉这项劳动过程。在示范教学完成后，劳彦俊多次尝试，仍旧不得要领，我看到他出现了不知所措的表情，眼巴巴地看着旁边的同学，一副想问又不敢问的样子，最后索性将衣服摊在面前不再动了。他注意到我在看他时，脸上现出惊慌的表情，马上开始叠衣服，越叠越乱，越乱越叠。我想起每次上课他都不敢与我对视，也不敢凑近人群，应该是怕生。

随机指导时，我走到劳彦俊身边，轻拍了他一下，让他知道老师并没有生气，然后接过他手里的衣服，握着他的手，带着他先将衣服摊平，抚平明显的皱褶，接着把衣服右端的一边往中间折叠，使各边上下左右对齐，再把袖子折回来，使其与衣服右端并齐，使右端不再突出，并且使袖口朝下捋直。我松开他的手，示意他按照刚刚的叠法将左边的也叠起来。劳彦俊比较聪明，这次他看清了很多要点和细节，将我刚才教他的叠法复原了出来，只是动作还有些生疏，一步一顿，不太流畅，但我知道，他能在这么短的时间记住这么多步骤，已经很不错了，算是认知能力比较好的听障学生。

看他掌握了前三步，我继续教他后面的步骤。这次我还是握着他的手，把衣服从下端往上端折叠，使其与肩膀处并齐，把衣服翻过来放置。我的动作刻意放得慢些，方便他理解记忆。随后，我将衣服打开，复原到第三步的样子，示意他自己做一次。这次他的动作就熟练了很多，很快将衣服叠好了。我对着他竖了一个大拇指，他顿时高兴起来，明显因为掌握了这项技能而倍有成就感。

虽然劳彦俊学习能力很强，但劳动机会长期被父母包办代替，班上有很多学生在家经常接触家务，很多东西在教学前就已掌握，这就显得他什么都比别人学得慢。有些学生嫌弃他，分组劳动时不愿意和他分在一组，这使他的自尊受到了伤害。有好几次我都看见他自己偷偷躲在一边远离人群，甚至抗拒分组。针对这种情况，我先是找他谈话，开导他，让他从日常生活小事做起，向他表示任何学习都不是一蹴而就的事；课堂上，我开始指定不同的同学和他一起进行劳动实践，如洗碗的时候，我示范完之后，他学得慢，不清楚要领，碗洗不干净，另一个学会的同学就充当他的指导员，指出他洗洁精挤得过多，泡沫不容易冲洗干净，饭粒黏在碗上要先抠下来，这样才会比较容易洗干净。有时候他掌握得比较好，也会反过来分享自己的技巧，这样互帮互助，指导他的同学很快就会发现他的学习能力强，既能增进其他同学对劳彦俊的了解、消除对他的误会，也有利于双方培养责任心、耐心。同时，我经常当着全班同学的面表扬他，鼓励他，增强他的信心。久而久之，同学们明白他不笨，不再排斥他加入分组劳动。经过一段时间的教育，他学会了自己穿衣、穿鞋、叠被、叠衣服、洗碗、拖地等技能，初步具备了生活自理能力。

但这并不意味着对他进行的劳动教育就大功告成，劳彦俊仍旧面临着新的问题。在种植蔬菜的劳动实践中，我发现他对浇水壶这些劳动工具很好奇，时不时上手摸一摸，显然之前不认识。我向他说明工具的用途，做了示范，他突然不愿意去拿工具，也不愿意除草、施肥、浇水，我将劳彦俊叫过来询问原因，才得知他是嫌弃泥土脏，害怕湿泥弄脏自己。我恍然大悟，劳彦俊在家中备受疼爱，没接触过脏活、累活，在他的意识里，把自己弄得脏兮兮是不“体面”的。于是，我没有一开始就强迫他进入菜地劳动，只是让他帮同学们打下手，比如去装水、分发种子、看管工具等。除此之外，我还要求他仔细观察同学们是如何劳动的。起初，他还能安安分分地一个人在那里待着，可是时间一长，他难免无聊，而同学们在菜地里分组合作，给蔬菜除草、施肥、松土、浇水，热火朝天，我在菜地里讲解劳动技巧，他心痒痒，很想加入。一段时间后，我看他的态度有所松动，就再次鼓励他进入菜地，这次他没有拒绝。一开始，他还有些放不开，加上对工具不熟悉，浇水不是浇多就是浇少，总是淋到鞋子上，松土不会控制力气，经常把菜苗也铲起来。很快，他的身上就脏了，干这些活又需要力气，我看得出劳彦俊已经有些烦躁了。于是，我叫来一些同学，让他们帮他，同时和他玩闹一下，转移他的注意力。在气氛感染下，他很快忙得不亦乐乎。看着他在太阳底下被晒得红彤彤的笑脸，我想他会逐渐体会到劳动的乐趣，前提是他要树立一个正确的劳动观念。于是，我定期播放劳动图画、分享劳动故事，传递“劳动最光荣”的理念。劳彦俊看到穿着朴素、满手粗糙的时传祥，笑容朴实、被晒得黝黑的“铁人”王进喜，勤劳的他们因为自己的付出而收获了人们的尊重，看见世界名画《伏尔加河上的纤夫》《劳动者》，很感动。我趁热打铁，多次组织劳动技能比赛，如除草小能手、叠被子大赛等，优胜者给予适当的奖励，鼓励劳彦俊积极参加。在思想和物质的双重激励下，劳彦俊渐渐变了，变得不怕苦不怕累。之后，他逐渐学会了种荷兰豆、洗菜、炒菜。在教他们炒茄子时，劳彦俊差点被油溅到，但他没有害怕，反而找机会向我请教溅油的原因。

我看了他的操作，告诉他是因为他没有把锅里的水烧干就倒油了，他非常认真地掏出一个小本子记下，之后看他炒菜再也没出现过这种事情。而他炒的菜，从一开始半生不熟，调味失和，到色香味俱全、咸淡适中，我见证了他的蜕变，他也体会到了劳动带来的乐趣，体会到了服务自己、服务他人的充实感。

劳彦俊的改变可谓是天翻地覆，但我知道，如果不能持续为他营造劳动氛围，他的劳动热情终有一天会消散。劳动教育不仅需要学校方面的努力，更需要家长扭转观念，从根源上解决他“十指不沾阳春水”的习惯。我先后多次与劳彦俊的家长沟通，定期向他们普及劳动教育的好处，让他们明白劳动有利于强健孩子的体魄、培养孩子的心智，还有掌握一项技能对听障学生今后走向社会的重要性。起初，他们还是不愿意放手，生怕孩子磕着碰着；于是，我经常跟他们分享劳彦俊在学校所取得的进步，展示他叠被子、穿衣服、拖地等劳动照片，让他们切实感受到孩子的成长，让他们发现劳彦俊很坚强。同时，我鼓励劳彦俊回家帮助父母做些力所能及的事，比如帮父母择菜、扫地、洗衣服。由于我经常鼓励他，他的劳动热情很高涨，课下经常主动找我学习劳动技巧，十分勤奋认真，表现欲与日俱增，因此劳彦俊非常愿意在家让父母也看看他的表现。据家长反馈，他在家经常抢着帮父母做家务，这让他们十分感动，也终于意识到该放手了。现在，劳彦俊的家长不仅会让他帮着分担一些家务，还会教他做一些课堂上没有学的劳动技能，如熨衣服、处理生鲜等。

4年来，从一无所长到如今的劳动能手，劳彦俊从一个清秀、瘦弱的孩子变成了一个体格强壮、充满朝气的孩子，他的四肢力量明显增强，做事时更加协调、灵活。现在，他自我劳动非常棒，懂得把自己收拾得干干净净，懂得把教室黑板擦干净，把地板拖干净，还能做饭、洗衣、种菜，性格开朗，做事利索，再不复初见劳动时的青涩模样。劳彦俊这一路的成长，让我倍感欣慰，他的进步离不开家长和学校的共同培育，也离不开他自身的努力好学。我深切体会到，劳动教育对一个人的影响之大、改变之深。

（本部分供稿人李燕，引用时有删改）

九、劳动促成长

一次台风过后，地上全是沾了雨水的落叶，天刚微亮，同学们像往常一样，开始清扫落叶。我看见小谦拿着大笤帚向同一个方向认真清扫落叶，湿漉漉的落叶被笤帚有力地聚在一起，他拿着垃圾铲，把落叶装进了垃圾桶，熟练地走到垃圾屋里，把落叶倒进了分类垃圾箱里。

小谦是我们班的一名学生，他 13 岁才来我们学校上一年级，之前没上过学，甚至没怎么出过家门。刚入学的时候，小谦的爸爸有些担忧地对我说："孩子在家什么活儿都不干，我担心他不适应寄宿生活。"

我发现小谦的性格有点急躁，做事没有耐心，对人也没礼貌，喜欢讲脏话。他不自信，总喜欢说："我怎么都学不会，我学了也没用。"他有些懒惰，在家习惯了家人对他无微不至地照顾，十几岁了甚至不会用筷子夹菜，也不会洗衣服、晾衣服、整理个人物品。值日的时候，指望同学帮他打扫卫生。我得帮他克服依赖心理，学会生活自理，培养劳动意识。

分组值日的时候，我让他和班上劳动能力比较强的同学一组。我要求同学们值日的时候，每个值日的同学都要参加劳动，不会扫地、拖地的同学，要尽快向会打扫卫生的同学学习，每周我们班将评出一组优秀的值日生，给予"劳动小能手"的称号。十几岁的孩子都有好胜心，都不希望自己拖别人后腿。刚开始小谦值日的时候，只负责倒垃圾。后来他慢慢学会了擦窗户和课桌，再后来他学会了扫地、拖地、洗厕所……他荣获了好几次"劳动小能手"的称号。他的性格也在慢慢变好，他变得有礼貌了，也有自信了。

变自信的不只是小谦，还有我们班的华燕同学。记得一年级入学前的家访，我第一次看见华燕。她非常害羞，即使主动和她聊天，她也不怎么理人。华燕的妈妈说生她的时候难产，她的脑袋被挤压得太厉害了，导致她的头尖尖的。华燕因此很自卑，基本上不出门，性格胆怯又害羞。入学后，我发现华燕的眼睛有残余视力，她的生活自理能力也不错，就是不自信，总觉得自己长得像“怪物”，害怕同学们嘲笑她。我让她和小谦一起值日。刚开始值日的时候，华燕自己一个人负责拖地、扫地、擦桌子，小谦只负责倒垃圾。我私下和华燕聊天，我对她说：“华燕，你和小谦是一组的，你要当小老师，教他怎么打扫卫生，你不教会他，他永远都只会倒垃圾，你们组也评不上‘劳动小能手’了。”后来华燕值日的时候开始教小谦扫地、拖地，两个人分工合作，他俩脸上的笑容越来越多了。华燕逐渐变得开朗了，热心地帮助别人。华燕像个大姐姐一样照顾一年级的小同学，她热心地教她们洗衣服、晾衣服、叠被子、整理衣柜……她还获得了“劳动积极分子”的称号。

同学们在学校学会了生活自理，但是大多数孩子不会煮饭、洗碗，开展家校联动模式的劳动教育就显得尤为重要。我利用五一假期，让家长在家教孩子学会用电饭煲煮饭、学会炒一个菜、学会洗碗，将视频分享到班级群里。家长们积极参与了打卡活动。从他们发的视频可以看出，孩子们都能学会洗碗，用电饭煲煮饭。小谦的爸爸在群里说：“我没想到孩子看不见也可以学会煮饭、打扫卫生，这是我之前想都不敢想的。”

劳动教育的意义无须多言。我看到孩子们通过劳动获得自信，通过劳动找到自我价值，通过劳动拥有幸福生活，一切辛苦付出都值得了。

（本部分供稿人熊宇红，引用时有删改）

第二节　学生家务劳动教育案例

家庭是特殊学生最大的庇护所，也是特殊学生进行劳动教育的最佳场所。

一、家务劳动我能行

陶行知先生提出“生活即教育”的主张，强调通过生活进行实实在在的教育。家务劳动是学生在生活中必须要面对的劳动，家庭才是开展劳动教育最合适的场所。结合我班学生的实际情况，我决定利用学生在新冠疫情期间和寒暑假居家学习的时间，开展“家务劳动我能行”的劳动教育活动。该项活动落实了家校协同育人的方针，让学生在家长的指导下，学习做简单的饭菜、刷碗、扫地、收拾屋子等家务劳动。活动目的是让学生逐渐提高劳动能力，树立正确的劳动观念，养成热爱劳动的习惯，掌握基本的家务劳动技能，增长对劳动的兴趣与信心，培养独立自主、自强自立的品质，为未来更好地融入社会、更好地生活打下坚实的基础。

为了让活动能顺利开展，且更好地实现教育目标，我制定了《“家务劳动我能行”劳动教育实践活动方案》。主要内容如下：

第一，致家长的一封信。在活动开始之初，我除了向家长们转发关于劳动教育的方针政策文件外，还给家长们写了一封信。在信上，我向家长们解读文件要点，诠释开展家务劳动教育实践活动的前提、教育意义，以及该活动对同学们健康成长产生的重要影响。这封信发出去后，很快就得到了全体家长的积极回应，他们纷纷表示支持，将全力配合老师，做好每天的记录打卡工作。

第二，开展劳动教育主题班会。受疫情影响，主题班会《劳动创造美好未来》在线上开展。以腾讯会议的形式，通过制作PPT进行授课，主要从以下几点进行：①劳动是什么？引导学生理解劳动的含义。②如果没有劳动，世界将是什么样？引导学生对生活和周围的环境进行观察和思考。③自由发言。有的学生说，没有劳动就没有收获；有的学生说，只有通过劳动，才能创造财富；有的学生说，每个人都应该参加劳动，靠自己的汗水才能创造自力更生的未来；还有的学生说，掌握更多的劳动技能，才能好好生活下去。……通过以上发言，我能感受到同学们对劳动的意义有了较为深刻的理解。劳动的种子在同学们的心里渐渐扎下了根。④通过带领同学们品读和欣赏名人名句，进一步提升同学们对劳动的正确认识，感受劳动的美好。⑤说说生活中的劳动。同学们分享了自己在学校时打扫校园、打扫教室、倒垃圾、洗衣服、叠被子，在家里洗碗、擦桌子等劳动。通过分享，引导学生主动从自己的生活体验出发，感受劳动的喜悦，增强劳动的信心，加深对“人人都应参加劳动”的认识。⑥表达对自己的日常劳动的感悟。引导学生对自己的日常劳动行为进行反思，体会在家庭中父母的不易，发现自己的不足，激发参与家务劳动的责任感和积极性。

第三，布置具体劳动任务。按照“21天养成习惯”的规律，经过班主任、学生和家长三方的商议，同学们每天居家要学习和完成的具体劳动任务如下：①每天整理自己的房间，拍照上传。②学做至少两道菜，5月28日进行线上厨艺展示。③种植一种小植物，每天照料、观察、拍照上传，5月29日展示成果、交流培育心得。④班主任对每日的活动情况进行观察、记录并点评。活动的开展以一个月为期。为了让同学们能够坚持下去，作为班主任的我以身作则，每天早上第一时间在班级群里上传自己的劳动照片，如我做的早餐，或买菜、打扫卫生的瞬间等。对于家长们拍下的同学们劳动的照片，我坚持第一时间给予点赞并表扬。当小蔡的妈妈在早上6点钟就发来整理房间的照片时，我会说：“小蔡真是个勤快的孩子，最美的晨光都不愿错过，这么早就已经整理房间了！”我还对小宙的妈妈说：“谢谢你，辛苦了！”偶尔，会有学生或家长因为种种原因没能完成当天的任务，我会给予充分理解。当家长因为孩子的情绪不佳、完不成任务而联系我时，我会找合适的时间与学生通话，了解情况，并进行心理疏导。有时候我需要运用自己所掌握的家庭教育知识，在家长和学生间进行协调和指导，帮助他们重修良好的亲子关系。

第四，学生劳动成果展示。劳动成果展示分3个部分进行：一是整理床上用品比赛；二是独自完成一道菜，并详细讲解做菜的步骤；三是展示自己栽种的小植物，看看谁的长得更好。由各位家长当评委。学生劳动成果展示，其实是对学生在劳动教育实践活动中的表现进行评价的一种方式。在展示中，大家看到同学们的成长与进步，也看到了不同孩子间的差异和各自鲜明的特点。更重要的是，通过展示，同学们发现了一个在每天的劳动中更加自信坚强的自己。这一天，同学们收获了老师和家长们很多的表扬和夸奖，每个同学都在活动的最后充分感受到劳动带来的快乐。小宙说："我终于独自完成一道菜了，以前父母总是不放心我，担心被烫着，被伤着，不敢对我放心。这次活动中，他们耐心地指导我，帮助我，我终于学会了。我的成长离不开爸爸妈妈的帮助。"小莹说："以前觉得做菜是很可怕的一件事，是我不可能学会的事情，现在在爸爸妈妈的指导下竟然学会了。而且我还自己摸索着学会了好几道菜，自己做的菜吃起来最香。爸爸妈妈都夸奖我能干。"小任说："以前奶奶经常说我懒，自己的东西不爱收拾。现在我养成了每天收拾房间的习惯，还经常帮奶奶整理房间，打扫卫生，奶奶再也不说我懒了，还夸我是个勤劳的好孩子。以后我要多帮助奶奶，学会照顾奶奶。"

在这次的劳动教育活动中，同学们得到了成长，我也有不少收获。在对教育活动的记录、观察和思考中，关于在视障学生中开展居家劳动教育，我有以下的体会：

第一，选择劳动教育的内容要从盲生的生活实际出发，遵从他们的成长发展需要。要从易到难，从小身边小事做起。在教育的过程中，他们经常会出现畏难或者退缩的心理，这时候家长和老师的鼓励和帮助非常重要。因为很多我们看似简单的劳动，如整理物品、烧开水等，但对于他们来说很难，我们要给予充分理解，耐心指导，帮助他们逐渐树立信心，以激发兴趣。

第二，每个视障孩子的情况不一样，要根据他们的特点来确定劳动教育的目标。教师和父母不要按照统一的标准去要求每个孩子，而要让他们充分地在劳动中发挥各自的特长和潜能，体会劳动带来的快乐和成就感。在活动中，有的学生收拾房间最整洁，有的学生菜做得最好，还有的学生将小植物培育得生机勃勃。这就体现了同学们在实践中呈现出不同的潜能，我们应从多个角度给予肯定。当然，也要鼓励学生相信自己。很多他们自己认为不可能掌握的劳动技能，经过刻苦练习，一段时间后就可以掌握。

第三，在劳动教育的过程中，教师和家长对孩子的态度是关键。家长们如果对孩子充满信心，给予充分的信任，而且给予孩子尽可能地帮助，孩子们就会创造奇迹。比如像做菜这件事，对特殊孩子来说，是很难的一件事，但经过鼓励和指导，他们很多人都能学会，这就解决了他们未来独立生活的难题。

第四，在进行劳动指导时，可以请有经验的盲生来分享劳动经验。因为我们正常人的经验有时候对视障学生来说未必很有用。如在关于做菜时如何放油放盐的问题，我按自己的经验去指导，发现同学们在操作时还是感觉很难。后来，我请来了高中会做菜的盲生来交流，同学们用这位学生的方法很快就学会了。整合多方面的劳动教育资源，让教育效果得到优化。

第五，通过与学生的深入沟通，我了解到，掌握一门劳动技能，对于每个学生来说，都有助于他们建立对生活和未来的信心，尤其是做家务劳动方面。所以加强家务劳动的教育对视障学生来说非常必要，具有重要的意义。

（本部分供稿人黄宝漫，引用时有删改）

二、劳动让生命更有价值

刚入学的一年级学生，年龄比较小，平均年龄在7岁左右。很多学生因为身体残疾，家长比较迁就和溺爱，在家较少劳动，多数是家长包办，忽视劳动教育的重要性。所以，很多学生连拿扫把都没有力气，也不知道怎样拿，不会扫地和拖地。本届一年级只有一个班，共18人，我选择每天跟到位，手把手教，陪伴着学生们成长。

开学初，我先让大家都一起扫地和拖地。开学两周后，学生互相认识了，我便安排教室、男女宿舍的值日表，每天进行监督检查，一经发现教室不干净，我会让值日生重新打扫。我特别强调每天教室的日常秩序，教室没有人或者放学要记住锁门，关风扇、关空调，每一位学生要把椅子靠在桌子下面。一些学生忘记了，我一个眼神，他或她很快就知道应该做什么了。中午放学了，我会去指导学生用餐，培养学生良好的用餐习惯。吃完饭，回到宿舍午休。我也跟着学生午休。起床后，生活老师指导学生们整理好床上用品，值日生搞好宿舍的内务。下午下课吃完饭，回到宿舍洗澡、洗衣服。我和生活老师手把手教。现在我每次去宿舍，看到学生们，洗完澡，认真地洗衣服，我都会及时称赞他们，他们特别开心，洗得更勤快了。教室卫生一直是我监督的重点。以前我是带着他们搞卫生，现在他们是自觉去搞卫生，有时候会抢着来做，这就是劳动的魅力所在。

利用每周的假期，我鼓励家长对孩子进行劳动教育。回到家，鼓励学生帮助家长分担家务，家长分享视频和图片在班级群里。一开始，我会在群里分享劳动教育的重要性：只要孩子一直在劳动，我相信这样的孩子以后不会饿着。如果从小都是家长服务孩子，不给机会让孩子服务家长，错过了最佳的教育和引导时期，家长会后悔莫及。家长也非常认同我的观点，所以每周多数家长们分享孩子劳动的经历，一些学生回家帮忙扫地、拖地、晾衣服、切菜、洗菜、洗碗和包饺子等等，还有一些学生回家帮忙干农活，赶牛、种花生、收红薯等等，让我印象很深刻。每当家长分享视频和图片时，我都及时点评，肯定家长的付出和学生的辛勤劳动。孩子们的进步，离不开家长们的坚持和付出。一些学生家长每周都会坚持分享，分别是小翔、小猛、小婷、小桓同学，他们在家里表现尤为突出。他们在家为父母分担很多家务，而且家长用心去引导，放手让孩子去做。所以他们回到学校很自觉，每一次小翔都争着倒垃圾，小猛主动承担宿舍内务，小婷每次看到我，都会向我汇报当天的值日情况。一年级的学生能够如此自律，真的值得表扬。家长分享的图片，我会打印出来，以“我劳动，我快乐”的主题展览在教室里，作为布置教室的重要材料，让大家共同学习，树立学习的好榜样。

我还充分利用学雷锋纪念日、劳动节、植树节、母亲节、父亲节、重阳节等重要的日子，采用灵活多样的方式开展与劳动相关的主题活动。如：劳动节，组织学生劳动技能比赛；学雷锋纪念日，组织学生互助互爱，打扫操场，清理死角；父亲节、母亲节、妇女节，组织学生用承担家务劳动的方式回馈父母的养育之恩；重阳节，给学生布置作业，回家帮爷爷、奶奶、外公、外婆洗脚、捶背、梳头发、穿衣服……以此让学生树立劳动光荣、劳动伟大的观念。

从入学到现在，很多同学有不同程度的进步。回想开始的时候，是我自己带着学生们劳动，现在不是我带着学生们做，而是他们主动做、抢着做、带着我去做。学生们的行动是对我工作最大的肯定。我坚信，从小爱劳动的孩子，日后一定会生活得很好，一定是一个善良的人，懂得“人生因劳动而精彩，因劳动而美丽；劳动创造世界，劳动让生命更有价值”。

（本部分供稿人李诗平，引用时有删改）

第三节　简单生产劳动教育案例

对特殊教育学校劳动教育而言，简单生产劳动技能是指农业、工业和服务业中所需的基本劳动能力。湛江市特殊教育学校聋、盲、培智各部简单生产劳动课程内容主要是根据地方和学校、学生的实际，结合本地在自然、经济、文化等方面条件，充分挖掘行业、企业事业单位、社区以及职业院校等可利用资源，开展宜工则工、宜农则农、宜商则商等多种方式的生产劳动教育，主要是以帮助特殊学生认识和使用常用劳动工具，学习农业、工业和服务业中最基础的劳动技能。

例如：培智生的生产劳动包括使用工具、手工劳动、缝纫编织、种植、养殖、畜牧技术、现代服务业、公益与志愿服务劳动、职业准备等项目；聋生的生产劳动包括使用工具、手工劳动、缝纫编织、种植、养殖、畜牧技术、现代制造业、现代服务业、新技术体验、公益与志愿服务劳动、职业准备等项目；盲生的生产劳动主要包括日常工具使用、手工劳动、工艺编织、种植、养殖、按摩推拿服务、播音技术、公益与志愿服务劳动、职业准备等项目，其中有些内容是拓展性内容，根据学生个体差异进行选择。通过这些技能的教学，让学生掌握简单的生产劳动技能，为接受职业教育做准备。

一、环保励心智，实践促成长

这是怎样的一群孩子？有的没缘由地乱跑；有的说话结结巴巴、口齿不清；有的有暴力倾向，爱动手打人，一刻不停地制造事端；更有甚者，大小便都不能自理。我知道有的家长已经不对自己的孩子抱什么希望了，可每天面对着这些特殊儿童，作为他们的老师，我必须尽自己所能，陪着他们进步一点，再进步一点。

我在接手启智高二（2）班时，结合校园垃圾分类环保课程和劳动教育课程，依托本校“省市级校园垃圾分类教育基地”，开展垃圾分类主题教育的尝试，经过一段时间的努力，学生们有了明显转变，班级建设取得了进步。

以下是我在班级管理工作中所采取的一些措施和感受：

第一，立足课堂教学，培养环保劳动意识。垃圾分类和日常生活密切相关，我们结合校园垃圾分类环保课程和劳动教育课程，依托本校“省市级校园垃圾分类教育基地”，采取灵活多样的教学方法潜移默化对学生进行环保劳动教育。比如，通过晨读时间循环播放《一起分类，培养垃圾分类好习惯》《守护美丽沙滩垃圾分类不能少》《四个垃圾桶，垃圾分类不焦虑》《认识垃圾车的分类及工作职能》等动画片，为学生提供生动、活泼、朗朗上口的儿歌，让学生在轻松、愉快的氛围中学习垃圾的种类，强化学生的环保意识。通过校园环保服务队的实践课，将校园内部垃圾桶内的可回收物运送至周边的可再生资源回收站，将获取的费用作为班费和开展垃圾回收教育活动的专项经费，一个学期下来，通过该活动共回收237.46千克可回收物，挣了300多元。另外，在班内设置可回收与不可回收垃圾投放点，通过角色扮演、示范指导、归纳步骤等教学方法让学生掌握如何有礼貌地向他人索取可回收垃圾，如何将可回收垃圾按种类进行分类整理的劳动技能。

第二，“量体裁衣”制定个别化教育，人人参与环保劳动。不同的孩子在成长中有不同的需要。我们作为他们智力的启迪者、学习的引导者、生活的导航者，在教学、生活中，悉心揣摩孩子每一个细微的表情和动作，解读他们的各种行为，为他们“量体裁衣”，寻找适切的教学方法，制定科学的个别化教育，让孩子愿意跟随我们的教学活动展开环保之旅。例如，林同学由于脑瘫而手指的精细动作较弱，拧瓶盖、折叠纸皮等劳动技能都无法掌握，但是他的认知能力较好，能够独自辨别校园常见可回收垃圾的种类，则专门训练他对校园常见可回收垃圾认知，让其成为同伴中的环保小老师；陈同学注意力极其短暂且情绪阴晴不定，我们围绕拧开瓶盖、踩扁压平、瓶子和盖子分开放这三项劳动技能进行训练，根据他的情绪变化来调整训练的时间长短，让其情绪平稳地跟随我们开展环保之旅。在开展垃圾分类主题教育课程中，根据不同学生的特点和能力，将学生分为不同层次实行分层教学，无论是教学目标的制定、教学内容的讲授都根据学生实际进行，安排力所能及的操作任务，力图让每个学生都学有所得，得到不同层次的发展。如在整理纸皮的教学活动中，将“整理纸皮”细分为“割纸皮—折叠纸皮—捆绑纸皮—清理垃圾”四个步骤，给不同的学生安排不同的任务，让每个孩子都能参与其中。

第三，优化班级教室环境，营造良好育人环境。人造就环境，环境也可以造就人；改变人可以改变环境，改变环境也可以改变人。本班的教室环境布置坚持“简洁、环保、有效”的原则，用废弃的纸皮和塑料瓶等可回收垃圾布置环境，力求“让每一面墙壁都说话”，将各种教育元素以不同的形式呈现，让孩子在轻松、愉悦的环境中学习垃圾分类知识与技能，养成良好的劳动习惯。如根据“变废为宝”的理念，指导爱画画的郑同学利用废弃的纸皮，结合“我的节日”“垃圾分类”“红心向党”等主题，以喜闻乐见的卡通形式，讲述垃圾分类相关基本知识以及我们常见的传统节日，激发学生的学习兴趣；在“我为校园添绿意”倡议下，孩子们在手工老师的指导下，尝试用废弃的塑料瓶做环保花瓶，共同搭建教室的绿化角。

第四，扎实开展特色活动，积极打造环保小卫士。活动是课堂教学的延伸，我们班坚持“立足生活、扎实训练、关注发展”的原则，结合孩子学习的特殊需要，开展形式多样的实践活动，不断挖掘孩子的潜在能力，让孩子在实践中学习“垃圾分类”，打造了众人皆知的“环保小卫士”。例如，形成常态化的班级垃圾分类整理活动，学生将平时教室内可回收的垃圾整理好，集中存放在教室回收角。中秋节，我们在“绿色中秋庆团圆、资源回收促环保”的倡议下，带领孩子在启智楼一楼大厅回收整理中秋慰问之后所遗留的纸皮，让孩子在实践中找出整理纸皮的过程中所存在的问题，然后以问题为导向引导学生解决问题，训练学生将课堂所学的劳动技能迁移到生活化的情景中，促进“垃圾分类”能力的养成。为了给孩子们创造更多接触外界社会的机会，我们也充分利用现有社会资源，每周开展“卖可回收垃圾”的社会实践活动，让孩子们走出校园，与废品回收站的老板沟通交流，让孩子们在真实的情境中感知如何与人沟通交往，为他们创造使用语言的环境，锻炼孩子与人沟通表达的能力，为以后更好地融入社会生活奠定坚实基础。

第五，家校协同合作，强化环保的理念。为促进家长有效参与垃圾分类教育，搭建家校合作的一个交流平台，我们班借助微信平台，每个周末都精心设计了“垃圾分类”家庭作业。如编写“垃圾分类歌”，让家长在家辅导孩子诵读，强化4类垃圾的分类方法；通过家长带领孩子去公园或者对自己家里产生的垃圾进行回收整理，加强孩子对可回收物的认识，从而起到引导强化孩子正确分类整理的行为；布置亲子活动作业，如利用矿泉水瓶制作花瓶、笔筒等等，让家长和学生在活动作业中充分意识到“垃圾是放错位置的资源”，可变废为宝，重复使用。学校每月都会推送“垃圾分类大课堂活动”，通过游戏、讲座等方式让家长更加深入地了解“垃圾分类相关知识以及重要性”。这些与广大家长沟通的桥梁充分发挥了学校的德育功能，并与家庭形成了强大的教育合力，从而使生态环境保护的理念深入人心。

随着“垃圾分类”主题教学活动的开展和实践，我们不仅在校园中打造众所周知的“学雷锋标兵班”“劳动标兵班”“校园环保小卫士”等，学生也在一系列活动中有所成长。焕焕和宇宏所拍摄的劳动短视频《环保小卫士》在2020年广东省“我劳动，我快乐”劳动教育主题活动中荣获一等奖。环保之旅，其实是一个漫长的过程。我们同心携手，积极探索，付诸实践，持之以恒，只有如此，才能凸显我们班级的特色文化，将“保护生态文明，从我做起”的理念厚植于心中。

（本部分供稿人唐敏，引用时有删改）

二、培智儿童的职业劳动教育探索之旅

残疾人的生存和发展离不开职业教育，残疾人参与社会的基础是职业技术。湛江市特殊教育学校培智部2009年创建，2018年才有首届初中毕业生升入高中，我们因此开启了培智儿童的职业劳动教育探索之旅。

第一，职业体验课程，挖掘学生的劳动潜能。湛江不是工业化城市，没有那么多的工厂让学生进行学习，为了让父母不再如此劳累，孩子们能做简单家务劳动或能步入社会工作，减去家庭负担，让他们能够更好地融入社会，提高他们独立生活、适应社会的能力，尽可能使他们成为自食其力的劳动者，从而让他们毕业之后在社会上“能生存、会生活”。从2016年开始，学校就在培智部开办社会实践课程、面点课程、酒店管理服务课程等职业课程。为帮助学生适应之后的职业教育，学校逐步在培智部探索职前适应等多种模式，如岗位技能培训、开设兴趣课等，为特殊学生寻找适合的职业方向，挖掘他们的职业潜力。教师引导特殊学生在职业体验过程中开阔视野，了解社会实际，寻找适合自己的职业方向，积累充足的生活经验，增强自己能够就业的信心，初步取得了良好的成效。

第二，学生树立信心，是培养动手能力的基础。在教学中时常发现有些孩子缺乏自信，觉得自己会做错，而被老师批评或者不喊他（她）回答。翻阅资料后，在家政教学课程中要求学生从最基础的工作做起，例如教学生做饭，就要先学会把菜洗干净，分清“哪些是脏，哪些是干净”“哪些蔬菜一定要削皮，哪些是直接切”，家政教学是以生活为导向，让学生在参与体验、在实践中获得知识和技能，一步一步加深难度，如“土豆要怎么切块”，在此过程中多给予学生鼓励。每个孩子都喜欢听别人称赞他（她）。智障、自闭儿童也不例外，他们甚至更喜欢听到别人对他们的称赞和表扬。在教学过程中，我利用小红花作为兑换礼物，每次学生的表现做得好，我就奖励学生小红花，累积后，学生可用小红花兑换自己喜欢的小礼品。智障、自闭学生判断能力较弱，教师心理投射是他们形成自我评价的主要来源，学生需要从教师给予的肯定性评价中确立自信心。如果教师平时老是讲他们傻、笨、什么都不懂，等等，他们就会觉得自己真的不行，失去自己动手去做的信心。

第三，教师示范引导，提高学生实践技能水平。为培养学生劳动技能，帮助他们掌握更多的劳动知识，我们开展了丰富的教学活动。如客房服务清洁工的工作课程，在指导学生时，程度好的学生可以根据老师下达的指令独立完成，程度差的学生依旧要一步一步地去操作，反复练习，逐步提高难度，在此过程中，教师要对学生提出新的要求，提供尽可能多的尝试机会，激发学生学习、实践的兴趣。课堂上，为了能更好地融入实际生活，我们开展了以“擦、拖”为主题的系列活动：“擦拭客房”，“擦拭功能室”，“擦拭楼层窗户”，“拖走廊”和“擦拭楼梯”，逐步示范、尝试、指导。又如家政课中“煮青菜”这个单元，看似很简单的一道烹饪菜，对于特殊孩子来说有难度，什么时候把青菜放进去，什么时候捞起来，怎么调汁等，每一个环节，我们都会仔细讲解，图文并茂，亲自示范，并让学生实际操作。在与教师互动的过程中，每一位学生都很自主地模仿教师的举动，借此掌握方法技巧，提高学习效果。

（本部分供稿人任娟，引用时有删改）

第四节　公益志愿劳动教育案例

湛江市特殊教育学校从建校开始，就有组织学生参加公益劳动与志愿服务的传统。我们的公益劳动与志愿服务实践活动分校内和校外。在校内，我们按班级和年级部开展常态化的校园保洁劳动；在校外，我们在雷锋日、全国助残日、国际残疾人日等有关日子里组织学生到校外开展公益劳动与志愿服务实践活动。

一、市特校开展“热爱劳动”实践教育活动

在“学雷锋活动月”系列活动中，湛江市特殊教育学校组织学生参加“我劳动，我光荣”劳动实践。2016年3月23日下午，该校组织中学部160多名听障、视障学生前往海滨大道中的人行道开展大扫除，除杂草、清垃圾，热火朝天，受到过路者的一致好评。29日下午，该校60多名听障、视障学生，在领导、老师的带领下，利用课外活动时间带着锄头、铁

铲、笤帚、手推车等卫生工具，兴致勃勃地走进开发区渔民村进行劳动实践，争当“我劳动，我光荣”的倡导者。他们不怕苦、不怕脏，个个热情高涨，有的学生用手捡起路上的垃圾，有的学生用铁铲、锄头清除卫生死角，还有的学生清洗墙上的“牛皮癣”。村民和放学路过的家长、学生深受感动，连连称赞，有的还加入劳动队伍，拿来笤帚扫除路面的纸碎、塑料袋等杂物。家长们纷纷表示，要把市特殊教育学校学生爱劳动的行为作为“活教材”，教育孩子要向特殊教育学校的小朋友们学习。

（参见 http：//zjphoto.yinsha.com/file/201603/2016033021541630.htm，原作者李杰、王道进，引用时有删改）

二、市特校盲人学雷锋提供免费按摩服务受欢迎

2016年3月5日，湛江市特殊教育学校积极响应“2016年湛江市学雷锋志愿服务广场”活动，带领何舟等7名盲人师生来到市影剧院开展免费按摩服务，市委领导到现场点赞。

上午8时40分，市特校学雷锋志愿服务队早早抵达现场为周边群众提供免费按摩服务。刚开始时，只有几个群众围观，当工作人员贴上“盲人按摩”牌子后，现场很快排起了长龙。接受按摩的群众对该校师生的按摩手艺称赞有加，一位大妈为吴蓝蓝同学的表现打了满分150分。值得一提的是，市委常委、宣传部部长陈云同志也亲临现场，她对该校盲人师生的表现给予了赞许，并对何舟老师在盲人按摩教学方面的贡献表示了感谢，并勉励他能培养更多的优秀盲生。

据悉，该校心光部盲人师生走出校门为群众提供免费按摩服务、回报社会已是常态。他们以实际行动和自强自立的精神感召市民争做中华民族传统美德的传承者、社会主义核心价值观的实践者、良好社会风尚的创造者。

（参见 http：//zjphoto.yinsha.com/file/201603/2016030519555242.htm，原作者何泽伟，引用时有删改）

三、市特校组织学生美化校园周边环境，争做城市义务“美容师”

为进一步消除强台风“彩虹”给湛江市区带来的影响，美化学校周边环境，培养学生爱祖国爱社会意识，努力践行社会主义核心价值观，2015年10月19日，湛江市特殊教育学校组织听障学生40多人走进社区、街道，开展清洁、美化活动。

下午4时，该校启聪部听障学生在德育处主任、学校团委干部、大队辅导员的带领下，携带笤帚、垃圾铲、锄头、手推车、铁铲、劈柴刀、梯子等工具，有秩序地来到校园南面的明理路段、渔民村、湛江市戒毒所附近社区开展除草、清理垃圾废弃物等清洁工作。随后，师生又来到了海滨大道海滨市场附近的街道两旁清理残枝落叶，运走乱堆放在马路旁边的断树枝。

据悉，此次活动不仅美化了学校周边环境，而且践行了“特教人善，感恩自强”的理念，获得了广大市民的好评。

（摘自湛江市教育局网，引用时有删改）

四、学习雷锋，志愿同行

3月是学雷锋活动月。为进一步弘扬雷锋精神，推动学雷锋志愿服务活动常态化，3月15日下午，湛江市特殊教育学校团委、德育处组织听障部、视障部师生开展学雷锋志愿服务活动。

活动开始前，德育处王道进主任、团委干部金锐老师进行动员，要求学生们以实际行动践行雷锋精神，并提醒学生在活动过程中要注意安全。王主任强调：学习雷锋不是一天两天就能做好的，“雷锋出差一千里，好事做了一火车”，我们应该一直向雷锋学习。

在老师们的带领下，学生们手握卫生工具，整齐列队，有秩序地到学校周边开展志愿服务。听障小学部主要负责校园内与校门口附近的清扫工作。小学部师生齐心协力，不放过校园及其周边的每一个角落，带队教师也拿起清扫工具，干劲满满地加入了清扫队伍。听障中学部则负责学校附近渔民村的清扫工作。听障中学部师生一路欢笑，有序赶到渔民村。孩子们有条不紊地分工合作，有收拾断枝落叶的，有打扫街道上的塑料袋、废纸的，有清扫尘土泥沙的，他们热情洋溢的笑脸感染了路过的行人，街坊路人称赏不已，夸奖了我校师生的奉献精神。有一位老奶奶赞道："聋哑孩子真是好心，经常来帮我们打扫卫生。"

视障部学生积极开展盲人按摩活动，为辛劳一天的教职工提供了免费按摩，各教职人员连连称赞学生的好手艺。启智部高三的同学们也不甘示弱，加入了学雷锋志愿服务的队伍。他们分别到启智二楼小餐厅和七楼办公区擦桌椅、抹柜子、抹门窗，个个都是清洁小能手。

雷锋精神是一面永不褪色、永放光芒的旗帜，不会随着时间流逝而湮灭，它根植于新时代接班人的心中，在新时代里依然熠熠生光。孩子们纷纷表示，本次系列活动让雷锋精神在他们的心中扎下了根，引导他们在今后的学习和生活中用实际行动去发扬雷锋高尚的品格。

（本部分供稿人蔡小妍，引用时有删改）

五、服务他人，充实自己

每次放假的时候，我都会问妈妈："放假了，我能做点事吗？让自己多去认识朋友，让我开心一点，学东西多一些，可以吗？"妈妈听完后，介绍我在我们生活的小区做了志愿者，帮助小区物业工作，得到了小区物业领导的表扬。2021年8月18日，在老师指引下，妈妈找到志愿者平台，用手机成功注册，我成了志愿平台里的一名志愿者。

我第一次参加志愿者活动是门诊志愿服务，协助门诊维持就诊秩序，帮助门诊就诊人员挂号、缴费等。我第一次像医院工作人员那样专业工作，心里很紧张害怕，不知道如何沟通和解决问题，幸好旁边有专门的负责人和妈妈指导，我慢慢地学会了如何解决问题，得到群众的理解和配合，我顺利完成了这次服务。

作为一名高中学生，我积极响应号召工农街道“创文”服务，参加志愿活动，一边对接街道办安排的工作任务，一边对接在学校学到的知识，边工作边问，不断充实知识。在街道期间，我协助接待来访的群众，做好信息登记，服从安排的任务，做好疫情防控措施，落实来访群众个人信息。8月23日，我在“学党史，感党恩，为群众办实事开展百场理发、禁毒宣传教育进乡村”活动中，学会了义卖。10月27日，我参加了特校开展的各项服务活动。

从9月1日到现在，我一直在湛江市少年儿童图书馆做一名志愿者，不迟到或早退，服从图书馆工作人员的安排，做好日常管理工作，整理图书，搞卫生，维持读者借阅秩序，巡视图书馆，规劝、纠正读者不文明行为，为广大读者营造和谐文明的借阅学习环境，协助完成图书馆各类活动。

我希望通过志愿服务平台，多做一些力所能及的事。通过志愿者服务活动，我明白了爸爸妈妈的辛苦。在活动实践中，我也明白了参与劳动实践活动对我的成长有较大的帮助：

第一，懒惰笨拙的人，是不受人欢迎的。从小参加家务劳动，不但能掌握一定的劳动技能，而且会养成勤劳的品质。一旦走向社会，这些技能和品质，就会在集体生活中表现出来，受到大家欢迎。

第二，在家务劳动中，能学会如何使用现金进行买卖，如何炒好一碟可口的菜，能锻炼口才和提高厨艺。

第三，学做家务，可以学到许多书本上学不到的知识。家庭是个小社会，家庭生活的内容涉及各种知识。

第四，在特校学习之余，劳动能力强，生活技能高，独立生活能力就强，从而对生活充满自信心，能独立面对各种困难。

我已经养成爱劳动的好习惯。久而久之，劳动不但给我带来许多乐趣，还陶冶了我的性情，人生价值也得到了体现。劳动永远都是人类生存的基本技能。没有劳动就不会有幸福和快乐，没有劳动就不会有一个崭新的世界！

（本部分供稿人培智高二年级学生冯岚宁，引用时有删改）

第五节 家校协同劳动教育案例

对于特殊儿童来说，家庭与学校就是他们主要的活动场所，家长和老师就是他们重要的依靠。家校协同实施劳动教育，会有更好的效果。

一、守护成长，静待花开

特殊教育教师本人不但要学会调控学生的情绪，而且要学会及时调控自我情绪，用最短的时间控制住局面，让学生的注意力重返课堂。

韬韬同学，韦氏智力评估智商小于20，语言理解能力及语言表达能力差，属于极重度智障。韬韬上课时不遵守纪律、课间爱搞“恶作剧”，撕书本，爱乱点乱按教学平台，尖叫，嘴里不停咕哝，拉扯窗帘，遇到想办的事情，得不到满足时，便火气冲天，大喊大叫，表现出明显偏执、躁狂的行为。

中共中央、国务院《关于全面加强大中小学劳动教育的意见》强调把劳动教育纳入人才培养全过程，贯通各学段，贯穿家庭、学校、社会各方面，立足地方实际，汇聚各方资源，坚持劳动教育特色化发展。我争取家长、学科教师、学生以及后勤人员等共同参与，相互协同开展劳动教育，取得最佳的育人效果。

第一，小步训练，潜移默化。

为了使韬韬掌握必要技能，我陪他反复训练，耐心指导。比如，训练韬韬自主打水时，我会从提供躯体辅助和语言辅助开始，手把手教韬韬如何打开水龙头，并附上简洁的语句“对准、拧开、关上”；当韬韬明白指令的含义时，我适当减少肢体辅助，单纯地让韬韬听指令完成打开水龙头的步骤；一段时间后，利用同伴的陪同，来减少语言的提示，让韬韬跟随同伴一起完成打水的任务；最后，就是让韬韬听到“韬韬，去打水喝”指令，自己拿起水杯摇摇晃晃地走到开水房，打完水再走回自己的教室。总而言之，对韬韬进行技能训练时，需要耐心指导他每一个步骤每一个动作，在韬韬不能完成时及时提供恰当的辅助。随着训练的开展，我们需要根据韬韬的情况逐步撤销对他的辅助，直到让韬韬独立掌握技能。在韬韬打水的训练中，我从手把手教，到语言辅助，再到同伴陪同，直至让他听指令完成，让他在小步训练中感受进步，以此强化他自我服务的意识，让他在自我掌控中得到满足。

第二，及时表扬，正面鼓励。

培智生上课时注意力集中的时间极短，教师要不断地调整课堂组织形式和变换教学方法，教学的组织形式一定要灵活、多样，让学生在轻松愉快中掌握知识。课堂上，要不厌其烦地进行表扬，通过表扬强化、规范学生的行为，有时还可通过小小奖励，让学生进行自我行为的控制，能起到事半功倍的作用。当“韬韬，你又光屁股跑出来”转变为“韬韬知道拉完臭臭，找老师帮忙擦”，他不再弄得衣服上到处是屎了。在训练用筷子夹豆子时，韬韬刚开始就用手一把抓取豆子，“哦，韬韬一颗豆都没撒，真不错，那我们用勺子试试能不能勺起来豆子”，就这样变通着、鼓励着，一步步地，现在韬韬已经能自己用勺子吃饭了。

第三，家校协作，共同育人。

孩子饮食上有什么禁忌，睡眠情况怎样，如何应对特殊学生的行为情况，怎样平复他们的情绪，家长比老师更懂自己的孩子。基于此种情况，我们特意创建了班级群，交代每次接送时间，随时与家长保持联系，教师在课堂上发现任何异常，能及时沟通，增强家长参与学校教育的责任。同时，让家长参与劳动教育的过程。我们会首先征集家长最想让孩子达成的目标，整合形成学期教学计划。如让孩子不饿肚子，能自己弄点吃的。为此，从烧水到泡面再到煮饺子，家长了解我们的教学安排，也更积极配合辅助孩子完成家庭作业。我们通过这种方式，促进家校融合，家长的积极参与更有利于孩子的发展。

在家长、老师的帮助下，经过半个多学期的努力，韬韬情绪稳定了很多，期末的生活技能大赛上，能积极参与活动，在老师辅助下完成比赛。“只要每天进步一点点，日积月累跨大步。”相信韬韬会在鼓励中有更大的进步。

（本部分供稿人覃兆彬，引用时有删改）

二、“四劳”教学法“开花了”

劳动教育对普通孩子的智力有积极作用，对智障孩子的影响更是不言而喻了。劳动教育的意义在于重塑培智学生更饱满的灵魂，可以使他们端正劳动态度、树立劳动意识、夯实劳动根基、参与劳动过程，让热爱劳动的意识根植于智障孩子的内心，潜移默化地养成良好的劳动习惯和劳动品质，这将成为他们一生的行动指南。以下是笔者在开展劳动教育教学过程中，一个中度智障学生经过“四劳”教学法以及家庭协同教育后的显著改变。

所谓“四劳”，只是笔者为了方便记录而取的一个说法。在培智实际教学教育过程中，劳动教育需要揉碎了，细分成多少个小点都不过分。这里单从培智学生小路的意识形态方面着手，“四劳”指的是愿劳、会劳、勤劳和爱劳4个方面进行劳动教育的过程，最终让小路不管是在家里还是在学校里，都能够参与劳动、爱上劳动。

小路，女生，12岁，中度智障，有严重的情绪行为问题（与家庭有直接影响），语言能力较强，肯沟通交流，有一定的生活自理能力（但不愿意、不肯参加劳动）。

第一，愿劳——树立正确的劳动观念和意识。小路在家里事事被包办。因此，进行劳动教育，必先帮助其树立起正确的劳动观念和劳动意识。在每一节课的课堂常规教学中，老师亲自擦黑板并讲解擦黑板的步骤，强调擦黑板等劳动习惯是作为学生该掌握的技能。老师利用劳动节等节日的主题教学活动，融入劳动教育方面知识；在班会课上，结合视频讲述全国的、地方的、身边的劳动模范的事迹，充分发挥劳动模范、劳动榜样的影响力。在班级中树立一个“劳动能手”，有意无意地刺激小路的劳动积极性，潜移默化中植入劳动的概念，无形中树立起正确的劳动观念和劳动意识。鉴于小路在家里一直被保护着，老师首要任务是做好其父母的思想工作，分析劳动对于智障孩子的重要性与积极意义。建议其家长从多方面入手，有效地、全方位地对小路进行劳动教育，使其家长能与教师在劳动教育上达成共识，形成教育合力，共同帮助小路树立起正确的劳动观。之后，小路家人进行家庭生活劳动时，都将小路带在身边，她也能安然陪伴着父母劳动，耳濡目染，自然从心里接受劳动。

第二，会劳——学习掌握劳动知识和方法。老师和家长关注并保护小路的劳动积极性，以小路为中心，用贴近小路生活情景、寓教于乐的方式引导她进行劳动，在劳动中让她观察并发现问题，从而掌握劳动技能方法。老师利用多种多媒体信息技术，在教小路学习洗鞋子、叠衣服等劳动技能时，制作丰富多彩的生动的微课展示劳动步骤；在进行课堂练习时，用希沃白板的游戏练习板块增加其学习的趣味性，激发小路参与劳动的积极性。还布置教室环创角，营造结构化劳动学习氛围，如在学生活动室的一角设置“我爱劳动”栏目，宣扬家务劳动和自我服务性劳动的内容，不断加强小路参与劳动的主观能动性。老师与小路父母沟通好，父母在进行家庭劳动的时候，让小路在旁边观看，倾听父母当时的劳动教育，如小路父母在煮饭的时候，告诉小路煮饭的步骤，每一个步骤都要求她在一旁看、听，终于有一天，小路一个人在家里，后来妈妈回到家里一看，小路已经把米洗好，放在电饭锅里煮了，虽然小路妈妈说水放得不合适，煮的饭有点生硬，但是小路不仅掌握了煮饭的步骤知识，还愿意主动去进行参与家庭劳动，这是一大进步。

第三，勤劳——运用劳动技能进行日常劳动。让培智学生去切身体会，往往比说百句千句更有效。老师让智障学生逐步学会自己的事情自己做，不会的事情学着做，别人的事情帮着做。最大限度培养了他们的劳动观念、劳动习惯和社会责任感，提高了康复训练的有效性，最终提高了他们的生活自理能力和社会适应能力，为今后步入社会奠定坚实的基础。这也是每位特殊学生家长的心愿。在劳动教学过程中，老师创设不同的生活劳动情境，让小路进行模拟劳动。如在客服课“叠被子”一课，在课堂教学中，老师讲授叠被子的详细步骤后，让班级的“劳动能手”先按照老师的要求一个步骤一个步骤完成，每完成一个步骤，老师给予口头表扬或奖励学生喜欢的物品，以此激发小路参与叠被子的积极性，然后让小路叠被子，表现得好，老师也给予“劳动能手”的称号奖励。老师与家长做好沟通，让学生在学校学到的劳动内容在家里得到练习，家长适度给予鼓励。家长拍摄视频分享到班级群，老师及时赞扬，这样能让小路再次体验到成功的喜悦感和自豪感。

第四，爱劳——使爱劳动成为一种生活习惯。良好的劳动习惯不是一朝一夕养成的。唯有坚持，结合个体的特殊性，懂得适当放手，让培智学生在家庭日常生活中真正地融入劳动活动，在劳动中体验生活的个中滋味，逐渐养成良好的劳动习惯和品质，才能真正地健康成长。老师善用“代币制”奖励机制，激励小路多劳动，让小路在精神和食物的并举作用下，无形中爱上劳动；当小路表现好，老师选其当“劳动能手”或“劳动小老师”等称号，增强劳动带来的成功感；老师鼓励小路参加各项生活劳动技能比赛，在比赛中体验劳动带来的荣誉感。在家里，父母对小路进行劳动教育时，同时采取“正向强化”。老师在学校所教的劳动项目拟一份劳动任务清单——小路的劳动清单是把一个劳动项目分解成详细步骤任务，交给小路的家长，在家里让小路完成，家长给予奖励。家长根据小路对劳动步骤的完成程度不断进行调整，再循环练习，加以巩固，让爱劳动变成生活常态行为。

总之，立德树人，劳动为先。劳动技能的学习为培智学生开辟了一条让他们触及生活、触及社会、通向社会的通道，为他们参加力所能及的劳动，将来融入社会，自立于社会或半自立于社会的生存意识和生存能力打下良好的基础。只有家长和学校站在一起，培智学生才可以走得更稳更远。

（本部分供稿人陈海燕，引用时有删改）

第六章　湛江市特殊教育学校劳动教育实践成果

“他山之玉，可以攻石。”湛江市特殊教育学校的劳动教育，历经数十年的探索创新，经验丰富，成绩斐然。特殊儿童逐渐成长，学校教师勤奋钻研，社会各界大力支持，特殊教育在开花、结果，不断回报社会。

第一节　特殊艺术劳动之花绽放

湛江市特殊教育学校的劳动教育，深耕“雕刻”艺术教学，群策群力，不断开拓，不断创新，走向社会，甚至走出国门，开出令人惊喜的绚烂之花。

一、雕刻艺术之花在校庆绽放

2006年9月，湛江市特殊教育学校成立职业高中，听障计算机应用（工艺美术）高考班及职教班同时开班。同时，学校安排我组织听障初、高中学生成立工艺雕刻兴趣小组。雕刻板材为常见的三合色板、高密度板等。学校购买的三合色板不够，我就“募捐”，动员家人和从事装修的朋友把装修房子剩余的色板、碎料送给学生练习。后来证明这个做法大有益处。学生开始学习的时候，使用的是小号雕刻刀，色板不硬，而且色板刻制后留下的字体与色板表面形成鲜明的对比，学生不容易看错刻错，学习兴趣浓厚，容易长久坚持。

刚开始教学的时候，用于雕刻的字体是楷书、隶书和行楷，最后是草书，用电脑打印出来，给学生用复写纸拓印在色板上。初学的时候，主要教学生勾线和阴刻。经过一个学期的学习，很多学生掌握了基本的技法，个别刻得好的同学获得了“进阶”奖励。2007年开始学习在高密度板上雕刻毛泽东诗词书法。

毛泽东诗词书体多是行草书，是独特的“毛体”。我把毛泽东诗词的每一幅书法的原诗句，都用纸打印出来，与书法一起对应，一个一个教学生认，还像语文老师那样，把书法诗词里描写的意思和内容用手语表达给学生看，大致给他们讲述书法内容的故事。我把该书法的用笔特点、雕刻的要领等等细致讲解，一刀一刀耐心地多次示范，而且让学生放心地雕刻，刻坏了也不要紧，刻坏了可以把板材反过来再刻。他们按照我教的方法，贴稿、印字、勾边（刻线）、镂刻，三角刀、圆口刀在手中不停变换，然后是对稿修整、打磨，每一步都做得认真细致。完成全部雕刻的工序后再上色，由学生举手自荐，能举手自荐的学生，都是平常最认真、最专注也是雕刻技术最好的学生。一幅幅毛泽东诗词作品被巧手的聋哑孩子们雕刻出来，再让我们留校的木工能手日凤装裱装框，就这样，师生共同努力，成功制作了一块块精美的艺术书法牌匾。我们在校内进行了雕刻成果展示，校长看到后非常满意，极力对外宣传，很快便获得了湛江市书法家们的赞誉。

2008年，为了展现建校20年来的教育教学成果，校长指导各部门精心筹备20周年庆典。校长特意把校庆嘉宾纪念品、捐赠单位和爱心人士回赠的纪念品全部交由我们工艺雕刻小组师生负责。这是一个艰巨的任务，也是光荣的任务。说艰巨，是因为时间紧、任务重，慢工出细活，纯手工制作快不得。光荣是因为学校对我们团队充满信心、高度信任。经过我们的构思和李璋老师的设计指导，我们依据红山文化玉龙的基本造型，设计出用沙比利红实木制作的精美把玩“吉龙”纪念品造型，“批量”制作300多件。校庆嘉宾拿到时，彻底被震撼了，纷纷表示说："太了不起了！真的是'上帝关了这扇门，一定会开另一扇窗'！"惊喜总是不断。我们雕刻回赠给捐赠单位和个人的毛泽东诗词牌匾也在校庆上吸足了眼球，获得一致好评，纷纷表示这是悬挂办公室和大厅最好、最有意义的艺术装饰品。

2009年开始，李璋老师正式执教工艺雕刻课程。李璋是湛江市著名的雕刻艺术家，也是市首届民间艺术大师。在李璋老师的专业指导和悉心培育下，学生们的雕刻技艺得到快速提升。当时，雕刻组成员被市文广新局邀请参加在湛江特呈岛举办的"湛江国民旅游休闲艺术节"，孩子们展示了雕刻工艺作品，还进行了现场雕刻演示，获得嘉宾和观众的高度赞扬。这是孩子们的工艺作品第一次较大规模到校外展示，不但让孩子们赢得了自尊，还增强了自信心。2010年，学校在听障职高班正式开设工艺雕刻专业，后成为职高民族工艺专业，先后培养了一批批工艺雕刻小能手，用工匠精神去完成每一件作品，用劳动技术铸就生命底色，用辛勤耕耘一步步实现"以劳育美，以劳树德"。

二、竹木楹联雕刻声名远播

湛江市特殊教育学校的工艺雕刻劳动课程创办后，2009年雕刻艺术家李璋老师到校执教，爱心企业家李子鸿从广西、湖南等地采购一些深山竹子（竹板）给学生练习雕刻，开启了学校竹刻对联的历史。李璋老师充分发挥自身的雕刻功底，利用传统技法精心指导，学生们的书刻技艺日臻娴熟，书刻作品特别是匾额雕刻、竹刻对联越来越受到省内外书画艺术家们的赞誉，作品不断走出校门，走出湛江，走向全国各地。

2012年，艺术家方立老师邀请我校师生书刻作品参展其在广州举办的"方立艺术节"。2014—2015年，华南师范大学硕士研究生导师、中国书法家协会翰墨薪传工程专家、广东书法评论家协会副主席、岭南印社副社长吴晓懿教授积极向省内乃至全国宣传推广我校的竹刻、木刻对联以及匾额制作工艺，他还利用其艺术资源动员了曹宝麟、苏士澍、万瑞杰、纪光明、林望等30多位书法家撰写楹联给学生雕刻，使学生们有机会接触到更多、更好、更有个性和特色的书法字体，并从中学习和领悟到中国书法艺术的博大精深。

自从有了工艺雕刻课程后，我们学校孩子们“回赠”爱心单位或者个人的“礼物”就换成了竹木小对联或匾额，既实用又“高端大气”，当爱心人士称赞孩子们作品好的时候，孩子们脸上洋溢着的都是满满的自豪感。我想孩子们心里一定在说：“看看，我虽然耳不能听、嘴不能说，但我能用手说话呢！”

2011—2018年，湛江市委宣传部等多次邀请我校师生书刻作品作为湛江参展代表团之一参展中国（深圳）国际文化产业交易博览会，3次获得“中国工艺美术文化创意奖”。2018年邀请我校师生参展第十一届中国海峡两岸（厦门）文化产业博览交易会。2016年9月，我校40组师生竹刻作品参加在广州中山图书馆举办的“林望、吴晓懿书画竹刻作品展”，受到陈初生、张桂光等一批老专家、老艺术家的高度赞誉。陈初生老师在展览会上说：

“李璋先生指导他的弟子把林望、吴晓懿两位书法家的书法作品精心雕刻在竹子上面，这种技艺应该也是瑰丽文化遗产，这是绝品。李璋先生和他的学生能够把艺术家的书法，精气神完美表现出来，从平面、二维变成三维，变成多维，使书法艺术变得更主观，书法作品更加可以登堂入室。所以，我想以后竹刻在拍卖公司、收藏店，可以让这种形式走进家庭。李璋先生的弟子是聋哑人，他们虽然听不到，但他们有一颗颗纯净的心，在老师的教育指导下，他们可以把一个人的纯然潜质发挥到极致，他们在制作的时候，没有干扰，心中只有艺术，特别投入在刻画中。所以我们要感谢李璋老师，教育了这么好的学生。本来残疾人就难以融入社会，但他们可以凭借自己的优秀技能奉献社会。今天我们不仅能欣赏到两位书法家的作品，也能欣赏到李璋老师及其学生的竹刻技艺，同时能够领会竹刻的文化精神，所以今天的展览不同于一般的展览！”

吴晓懿、林望与我校师生雕刻的60多副竹刻对联，还于2017年至2018年在佛山市图书馆新馆、顺德清晖园等多地巡回展览。

2018年，在我校建校30年之际，我校搭上了特殊教育提升计划这趟“复兴号的动车”，利用场室建设了一个300多平方米的书刻艺术展览馆，精心挑选了近年部分师生书刻作品集中展出，并于“广东省特殊学生艺术职业教育研讨会和成果展”在我校举办和我校建校30周年之际揭牌开馆。学生们通过参加省、市和各级各类艺术劳动成果展示，感受到人与人之间互相关心、互相爱护、相互帮助、互相合作的关系，感受到党和国家对特殊群体的关爱，他们一个个由入学前的无知冷漠，到克服自身障碍、克服自卑情绪，树立正确的人生观，到变得热爱生活、热爱劳动、热爱集体，不怕苦、不怕累，走出了原有狭窄的生活圈子，进入更广阔的天地，成长为更好的自己。他们在这过程中，明确奋斗与追求的目标，产生克服困难的勇气，养成坚韧、刚毅的品质和认真负责的工作态度，他们因此有了从心理上、技能上做好适应就业、适应社会生活的准备。

三、书画与竹刻的相遇：林望、吴晓懿书画竹刻作品展信息

广东省立中山图书馆于2016年9月4—18日展出；佛山市图书馆新馆于2017年4月11—16日展出。

林望，早年求学于暨南大学，受业于曹宝麟、陈初生等名师，又得沈定庵先生奖掖，学书之初，遍临汉隶，后师金农，得其朴拙而不泥于板滞，方折圆转暗合帖韵。中年始变法，上溯秦简汉牍，汲取古隶笔法，书风意趣横生，渐入佳境，在岭南书坛独树一帜。

吴晓懿，近年潜心于战国简牍书法研究，曾求学于广州美术学院、中山大学、清华大学。问学于王见、陈伟武、陈池瑜诸师，除了在古文字书法史论上搜真探赜之外，还潜心翰濡，腕底笔间自有一股清逸的书卷气。

展览的竹刻作品是邀请岭南竹刻名师李璋先生及其弟子精心镌刻的，

把竹之清劲与笔之柔软结合起来，展现了中国书画骨力洞达、灵动变化的艺术魅力。

四、师生手工作品亮相第十一届海峡两岸（厦门）文化产业博览交易会

2018年11月2日至5日，由中共中央台办、文化和旅游部、国家广播电视总局、福建省人民政府联合主办的第十一届海峡两岸（厦门）文化产业博览交易会（简称“海峡两岸文博会”）在厦门国际会议展览中心举办。受湛江市文化广电新闻出版局邀请，湛江市特殊教育学校作为湛江展团代表单位之一，携数十件学生优秀手工作品亮相。

展览期间，湛江市文广新局副局长李晖莅临我校展位参观。职教处陈晓玲主任、李璋老师向李晖副局长一行介绍了我校的参展情况和职业教育教学课程的开展情况。李晖副局长高度肯定了师生们的手工艺作品，希望学校能充分利用好政府搭建的广阔平台，一路前行、一路成长，将自身丰富的特色文化资源优势转换为发展优势。

我校在本届海峡两岸文博会上展出手工作品近40件，包括书刻作品、版刻作品以及独板装饰画作品，受到了展会观众们的广泛好评。据李老师介绍，学校从2006年起，先后开设了民间传统工艺、工艺美术、陶艺等职教专业课，其中，民间传统工艺专业在名家牌匾雕刻、木板壁饰制作等方面取得了较好的成绩。成绩的取得离不开老师的精心指导，更离不开学生们的不懈努力。他们不惧困难，自立自强，在逆境中不断成长，成了一个个“小小艺术家”。此次展出的作品均是学生在老师的指导下独立完成，获现场观众称赞。

此次参展，是我校“走出去”的又一次尝试，通过与海峡两岸文创行业企业、从业者之间的交流，学习文化产业与其他相关产业融合发展的新亮点、新成果，为我校进一步提高教育教学质量提供了新思路。未来，我校将继续紧跟文化产业浪潮，为我市文化产业的发展贡献出自己的力量。

五、拓印技艺走进深圳文博会，“特校元素”耀眼获点赞

2019年5月16日，为期5天的第十五届中国（深圳）国际文化产业博览交易会（以下简称“文博会”）在深圳会展中心开幕。据悉，本届文博会共有2312个政府组团、企业和机构参展，并邀请了来自欧洲、亚洲、非洲、北美洲、南美洲、大洋洲等50个国家和地区的132家海外参展机构。深圳市设有66家分会场，涵盖文化产业各重点领域。湛江市特殊教育学校积极响应湛江市委市政府、市文化广电旅游体育局号召，亮相深圳文博会。

第十五届文博会是新中国成立70周年时举办的一届重要展会，校领导高度重视，反复叮嘱参展人员要严格筛选参展作品，做到准备充分、主题突出，让最具“特校元素”的作品闪耀文博会场。

拓印就是用墨把石刻和古器物上的文字及花纹拓印在纸上，以便保存和传播，拓印技术在隋朝之前就已出现。这次，我校将拓印带到文博会现场，将其作为主打展示项目。韩土旺同学在李璋老师的指导下，为文博会现场观众们展示了精湛的拓印技艺：首先将竹匾表面清理干净，用宣纸包裹住竹匾；接着用白芨水浸润宣纸，使其紧贴竹匾；然后用棕刷轻拍表面排出气泡，让宣纸紧贴竹匾，使竹匾上的字清楚浮现；待宣纸干透后，用拓包蘸墨由竹匾的外围轻轻往内，向字迹的外线拍打；最后将宣纸揭下来，一幅拓片作品就完成了。拓印展示现场常常围着一圈观众，学生仔细地拓，观众静静地观赏，仿佛时间在此驻足，大家沉浸在传统文化之美中。据李璋老师介绍，拓印技艺是我校继书刻、版刻、陶艺等专业之后，在职业教育板块开设的又一门课程，让特殊孩子们掌握了一技之长，为他们日后立足社会，自力更生提供了帮助。

市委常委、宣传部部长陈云参观湛江馆，寄语我市要加快培育本土文化旅游龙头企业和产品，突出本土特色，加强对外合作，用心用情做好文旅融合。陈云部长在参观我校展位时，认真听取了李渊副校长介绍我校的

参展情况和职业课开展情况，充分肯定了师生们的手工艺作品，对我校拓印课程的开展提出了意见和建议，勉励学生们努力学习手艺，做社会需要的人才。

我校已多次参加文博会，每次参展都会有新的收获。通过深圳文博会这个平台，开阔视野、更新理念、创新思路。正如李璋老师在回答记者提问时所说："给我感触最深的，是学生们通过文博会这个平台，意识到雕刻这门手艺的重要性，激发他们学习的兴趣，增强他们的自信。"我校将继续紧跟文化产业的浪潮，不负韶华，砥砺前行，为我市文化产业的发展贡献新力量。

（本部分供稿人刘晓，引用时有删改）

六、绽放在文博会上的特教艺术之花

2019年11月1—4日，第十二届海峡两岸（厦门）文化产业博览交易会在厦门国际会议展览中心举行。在琳琅满目、精彩纷呈的展馆内，来自广东省湛江市特殊教育学校的展位格外受到关注。在白底蓝字"湛蓝的海、湛蓝的天"的衬托下，如一阵拂过沙滩椰林的怡人海风，带着南海之滨的清凉浪漫，为热闹的展馆增添一份"自强不息"的特殊文化气息。

近几年的文博会，湛江市文化广电旅游体育局都邀请我校参加展出。本次展出的师生作品有木刻、根雕、陶艺、书法、美工等作品。展台经过精心布置，富有特色，艺术氛围浓厚，创意新颖独特，吸引着大批来宾。这些作品不仅有着浓厚的湛江本土特色，还极富人文创意，充分展现了我校艺术学科教师较高的艺术造诣和高水平的艺术教学能力，展现了残疾学生在艺术学习上的执着追求和良好的发展潜能。

展览期间，市文化广电旅游体育局副局长黄勇、调研员曹晔一行莅临我校展位参观，了解我校的参展情况和职业教育课程的开展情况。黄勇副局长、曹晔调研员充分肯定了师生们的手工艺作品，希望学校能充分利用好市委、市政府为大家搭建的平台，进行文化产业交流对接，了解行业最新动态，找到适合自身发展的新路子。

这是一个很好的途径，可以让更多的人了解特殊教育，关注特殊孩子的成长，有利于进一步促进残疾人职业技能提升和就业创业工作。我校以此次参展为契机，探讨“文化产业+教育”发展的新思路，坚持不懈做好学生职业技能提升工作，针对学生实际创新方式、丰富内容，加强职业教育和职业培训，帮助更多学生用勤劳智慧实现人生价值。

七、师生作品首次参展广东国际旅游产业博览会

9月10—12日，2021广东国际旅游产业博览会（简称“广东旅博会”）在广州琶洲展馆举行，我校受湛江市文化广电旅游体育局邀请参展，师生携带优秀作品首次参加广东旅博会，尽显特殊教育风采。

在接到参展文件后，职教处迅速牵头成立了参展小组，筛选出数十件具有我校特色的作品参加展览。参展小组还根据防疫要求安排行程，提前准备好口罩、免洗洗手液等防疫物品，做好后勤保障等各项工作。

在本次广东旅博会上，我校展出了竹刻、玻璃马赛克、版刻、独版画、钻石画、布艺手工、陶艺、美工等静态师生作品，同时设置了现场雕刻、拓印动态展示，动、静结合，宣传展示了我校职业教育教学水平和最新成果。现场观众们感受到来自湛江市特殊教育学校的文化魅力，纷纷为师生作品点赞，感叹特殊孩子们的心灵手巧和老师们的倾情奉献。

9月10日上午，湛江市领导到湛江展台巡展。他们在我校展位前与师生们亲切交流，了解我校参展情况，勉励师生们不懈奋斗，叮嘱师生利用展览的平台交流学习，进一步提升学校职业教育水平。

近年来，我校多次受市文化广电旅游体育局邀请，多次参加国内知名展览。“自强不息”的特校之花持续绽放，更多的人通过会展窗口走近特殊人群，了解特殊教育，支持特教事业。我校的劳动教育成果得到更好的宣传，学生受到更大的鼓舞，吸引社会各界人士更多的关注。

（本部分供稿人 刘晓，引用时有删改）

八、师生书刻牌匾作品参展广州“方立艺术节”

2012年12月1日下午，我国首次以个人名义举办的“方立艺术节”在广东省文联艺术馆隆重开幕。本次共展出方立先生的五大系列作品，其中中国红、梁山108人物画谱、八仙福禄寿、水墨情韵是原创作品，另一系列是大量的艺术衍生品，包括铸铜、陶艺、邮票、T恤、高仿真、瓷板画、记事速写本、书刻牌匾等。

方立先生籍贯吴川，他是在2010年参观深圳国际文化产业博览交易会时与我校师生结缘，当时惊讶于我校教师的指导水平，说想不到听力残疾的学生也能做出那么有文化、有艺术特色的牌匾作品，并且能作为湛江市参展团之一参展像深圳文博会这样高端的展会，当场表示要给我校文化支持。之后，方立先生到我校实地指导，他筹备艺术节时，提前把他撰写的书法作品交予我校师生进行木板雕刻，邀请我校师生到广州参加其艺术节的开幕式，让我校师生得以现场欣赏“方立艺术节”作品的独特魅力，开阔了文化视野，丰富了文化艺术知识。我校学生第一次看到长近10米的白描作品《神州八仙图》时十分惊讶，忍不住竖起拇指赞叹；在看到自己制作的书刻作品与方立老师的艺术衍生品一起展示时，感到无比自豪，都表示今后要努力学习，争取做出更多更好的作品参加更多展览展会。

九、师生受邀参加第五届足荣村手作节

2020年10月28日，由广东茂德公集团主办，雷州市文化广电旅游体育局、湛江市民俗文化研究会、岭南师范学院艺术与设计学院等单位协同举办的第五届足荣村手作节在茂德公大观园举办。

湛江市特殊教育学校是广东茂德公集团校企合作代表单位之一，近几年足荣村举办的手作节，广东茂德公集团都邀请我校师生参加展出。此次手作节，由我校林观兰副校长带领8名师生，携带我校近年手工劳动教育教学成果如竹匾、木刻、板刻、陶艺、剪纸等优秀手工作品参展，是校企

合作的一次成果展示。

我校本次展出的手工劳动作品不仅有着浓厚的湛江本土特色，还极富人文创意，充分展现了我校听障学生手工劳动、艺术劳技较高的制作、创作水平和技能。

广东茂德公集团是长期支持我校的爱心企业单位之一。茂德公集团广州番禺“草堂”就悬挂展示了由钟国康老师撰写、我校学生雕刻的多幅牌匾作品。我校每一次被邀请参加展览，都是茂德公集团企业陈宇董事长特意为之，其目的是通过提供这样的平台扩大对我校的宣传，让社会各界可以在不同场合看到我校师生在手作劳动、艺术劳技方面良好的潜能和自立自强、积极向上的良好精神风貌，呼吁社会大众大力支持残疾人文化艺术，为特殊学生今后回归社会就业、创业提供更多的可能。我们特别珍惜，也特别感谢。

十、韩土旺：用手“思考”的听障雕刻能手

韩土旺是2005年从吴川农村普校转到我校五年级就读的一名听障学生。据他的父母说，他是在两三岁发烧而致聋致哑。刚入学的土旺，非常不自信、不入群，常常以为别人说他的坏话或者不喜欢他而有敌意。

林老师和韩土旺是塘缀老乡。林老师当时刚好兼任听障五、六年级的劳动技术课。林老师对他特别关心，在教学的过程中慢慢发现土旺做事情特别专注，有耐心，很有条理，一丝不苟，喜欢动手，不怕脏不怕累。

当时林老师教同学们学习泥塑，用的泥不是陶泥，而是朋友捐赠的几袋高岭黏土粉。高岭黏土是土红色的，每次教学的时候都要提前把黏土和好做成泥坯，然后再分发给同学们练习。当时教学条件简陋，学校没有配备口罩和手套，每次和泥的时候，都需要老师或者同学们直接用手和棍子来搅拌，很多同学嫌脏嫌累而不愿意做。土旺个子大，双手有力，每次上课前都先和好泥。他能借助大木棍、小木棍自然搅拌，用力甩打，把泥坯揉得顺滑而有韧性，让同学们做起造型来手一点都不脏。林老师每次都当

着全班同学的面表扬他，让其他同学向他学习，慢慢地他变得自信了，和同学们的关系也改善了，到最后完全和同学们打成一片。为了锻炼他，林老师把工艺教室的钥匙交给他管理，交代他每次上课前提前把工具和材料准备好，课后负责整理收拾教室的物品，还要把同学们做好的小作品放在架子上，摆整齐晾干。他不但成了老师的小助手，还成了同学们眼中的“大哥大”，树立了个人威信。

林老师发现土旺不但善于用眼睛观察，而且善于用“手”思考。在泥塑课的时候，林老师看到土旺用手抓住一块泥巴，左捏捏，转过来再摁摁，用双手把它竖起来伸向前，再眯着眼睛看，来回几次后，借助小泥塑刀很快就能做出一个生动的小猪、小狗或者是其他器皿的造型。别的同学做完作业就完事了，土旺还会有创意地给作品加上小底座。他表现出的工艺潜质让老师高兴。为了培养和锻炼他，林老师还私下里给他特别的指导。2007年学校雕刻小组成立后，他成为第一批雕刻骨干分子，后来任雕刻小组长。2009年，他和学校师生受邀到特呈岛参加湛江市首届国民休闲艺术节，他是现场进行雕刻的同学之一。

进入初中后，除了雕刻小组活动课外，他选择了雕刻劳动技术课，每周有半天（3—4课时）的时间专门学习工艺雕刻基础，从单线条练习，到横批、对联，再到毛泽东诗词书法等。土旺坚持反复练习，不怕苦不怕累，准确地一刀接着一刀慢慢刻，除了认真看书法原稿外，遇到不懂的会及时请教老师，保证雕刻不出差错、不浪费板材。有时为了完成一幅作业和作品，他能坚持一个上午或者一个下午连续工作。

记得在制作学校20周年校庆纪念品和回赠爱心单位的牌匾的那段时间里，差不多每个晚上都要加班，开始大家分配的任务都是一样的，土旺技术好自然做得快，他完成自己的任务后，老师让他帮助其他同学或者增加新的任务时他不乐意，还告诉指导老师说他做得快做得好做得多，别的同学做得慢做得少，所以他也不想做得快。土旺的这种想法是听障学生们一般都有的想法。林老师根据“在做事中做人，在做人中做事”的道理，告诉他作为组长，本来就应该带头主动承担任务，斤斤计较不可取。林老师一有空就和土旺讲述自己刚来到学校工作时的艰苦经历，告诉他老师经常为学校加班和同时做很多份工作，从来没有怨言，所以才得到领导和同事们的尊重和支持，工作才可以开展得更好。还给他讲述劳动模范郭明义、王进喜、时传祥、徐虎等人的故事，给他讲述老一辈无产阶级革命前辈的感人事迹，还跟他分享同在雕刻小组的苏古阔乐于助人、不计较得失的事，又以李璋老师的从艺经历之路向他说明：一个人要乐于助人，才能获得别人的尊重。经过一段时间的思想工作，又通过一件件事情去反复磨炼，土旺慢慢意识到自己的想法不正确，开始反思自己的不足，逐渐改正了自己的行为，重新融入同学们，找回往日的学习动力。

“浪子回头金不换”，土旺的出色表现受到了学校的高度关注。2013年，土旺职高毕业时，校长根据残疾人就业政策，亲自联系市区的中小学校，推荐土旺就近就业，争取到湛江市第二十五小学聘用土旺和另外一个雕刻小组的同学为后勤服务人员的机会，他俩享受“五险一金”和有关的工资待遇。为了解决土旺在市区无住处的问题，学校特别照顾，安排土旺和原留校食堂工作的苏古阔同住，这样业余时间可以继续在学校从事工艺雕刻工作。

经过10多年的发展，学校的工艺雕刻小组演变成学校的民族工艺职教课程。土旺和同学们雕刻的竹刻对联被华南师范大学吴晓懿教授等人定制并在广州、佛山等地巡回展览。

土旺现在是一位掌握了竹木牌匾雕刻、拓印等多种传统工艺的劳动技能能手。他会继续用“手”去思考，用雕刻刀去“表达”。他离大师还有很大的距离和很长的路要走。不管未来能不能成为大师，但我相信，只要他不断地努力前行，就一定能遇到一个更好的自己，就会拥有一个更加丰盈的人生。

十一、李璋：在枯木头上演绎精彩

12月18日晚，湛江市特殊教育学校创意设计基地的作坊里，李璋正在指导学生们在一块小木板上练习刀法。创意设计基地的作坊，其实是两间相连的大教室，摆满了各种手工制品和各式名家牌匾，桌上还摆着几块正在制作的牌匾，室内正中挂着李璋钟情的“天道酬勤”和“海纳百川”字匾。

李璋，中国美协会员，中国工艺美术学会雕塑专业委员会会员、中国壁画学会会员。5年前，李璋来到特殊教育学校当雕刻老师，开始组建手工制作兴趣班，召集了一批心灵手巧的孩子，手把手教他们描线、勾边，制作壁画、版画、木雕等民族传统工艺，希望将自己毕生所学传授给这些孩子，让他们掌握一技之长，将来有一技傍身，走好以后的人生路。

常来作坊学手工的孩子有七八个人，这些孩子均是聋哑儿，年纪十三四岁至二十几岁不等，多数是利用晚休之后的时间来学习。

25岁的韩土旺是李璋一手带出来的学生，毕业后留校当学徒，做木雕已经很老练，在基地里帮忙带学生做些入门的活儿。在他的抽屉里，放着各种用木头做成的小工艺品。

廖文辉是基地里唯一的女学生。因为学木雕灰尘多又费手力，很少有女生愿意学，廖文辉毫不在意这些，她一年前跟李璋学雕刻，很快就显现出在这方面的天赋。她全神贯注拿着三角刀在一块木板上给字体勾边。勾边是做木雕最重要的一环，不但要有熟练的技艺，还要沉得住气、耐得住性子，才能精确地表现书法的笔墨线条，把书法的形与神呈现在木板上，甚至连飞白、颤笔也能表现得淋漓尽致。

“这些孩子都很单纯很可爱，也有正常的感情需求。”李璋的夫人林观兰说。林观兰也是特殊教育学校的老师，对于基地里的孩子，夫妻俩真心疼爱，像对待自己的孩子一样。工作之余，林观兰常常过来看李璋，顺便蒸些包子馒头带过来与孩子们分享。

这几年，李璋的大部分时间都和这些孩子在一起，渐渐搞出了名堂。他和孩子们制作的创意作品，参加了第七、第九、第十届中国（深圳）国际文化产业博览交易会，创作的《南国渔歌》系列木板壁饰获得文博会“工艺美术文化创意奖”银奖。他们制作的名家牌匾雕刻、木板壁饰多次参加省市展览并获奖，30多件木板壁饰作品陈列在广东省文化厅、湛江市博物馆、茂名市博物馆、香港盲人促进会等单位。雕刻制作了100多幅名家牌匾回赠给广州、深圳、香港、澳门等地爱心单位和人士。

（本部分供稿人刘金凤，引用时有删改）

第二节　劳动技能成就美好人生

除了“雕刻”，湛江市特殊教育学校也在“烹饪面点”“舞狮”等方面不断探索，毕业的学生在“陶瓷”方面大有作为。“条条大路通罗马。”发掘孩子的潜力，可以在多个行业展露身手。

一、苏古阔：学生身边的大哥哥，劳动教育的好榜样

苏古阔，2010年职高毕业后留校在食堂工作，是我校职高班目前唯一的留校生。

苏古阔不是班中最聪明的学生，但他是最勤恳、最认真、最好学、最热心、最善良的学生之一。他性格温和，在校读书期间，一直是老师的小帮手、班中的小雷锋。不管是不是自己值日，他每天都自觉地把宿舍、校园清洁区的卫生打扫得干干净净，把教室的桌子、椅子摆放得整整齐齐，把黑板擦得干干净净，迎接老师上课。他从小就表现出热爱劳动、热心服务他人、无私奉献的好品质。

他在职高班学习的是烹饪面点，课外选修的是工艺雕刻。虽然他不能像健全人那样能听能说，但他凭着认真执着的态度和刻苦钻研的精神，把面点的基本功练得扎实，把老师教授的各种中西式面点配方、配料和操作

手法认真记在笔记本上，一有空就反复练习，直到最后把知识和技能牢牢记在心中。

在职高学习期间，他课外选修了工艺雕刻。长期跟在李璋老师身边，受到李老师工匠精神的影响，也得到李老师的精心指导，加上他本人的刻苦学习，他的工艺雕刻技能成绩在雕刻小组也是名列前茅的。2009年，他和老师同学们一起携带作品受邀到湛江特呈岛参加湛江第一届国民休闲艺术节，他在现场作了雕刻展演，受到了嘉宾和参观者的一致好评。

做敬业爱岗的好员工。学校食堂每天的工作都是洗菜、切菜、洗米、蒸饭、分饭和清洁卫生等，每天都与油、水、蒸汽打交道。食堂里很多健全的工人有时候嫌苦嫌累，换过一批又一批。但苏古阔从来不叫苦叫累，也不嫌脏。每天总是比别人来得早，走得比别人迟，干得比别人多。他除了干好自己的岗位，还非常热心而且乐此不疲地去帮助其他同事，不求回报。

做学生身边的大哥哥。留校工作至今，苏古阔就像学生们身边的大哥哥一样，时时刻刻照顾、安抚着师弟师妹们。特别是刚刚来学校读书还没适应学校寄宿生活的听障一、二年级的小同学，他一有空就到宿舍指导同学们做好个人卫生，到食堂餐厅教同学们打饭、吃饭和做好餐后卫生。遇到不配合的同学，他总是很耐心地陪着，有时候对不肯吃饭的小同学，他就一口一口喂他们吃，不清楚的人以为他是家长或者是生活值班人员。新来的同学很多还不懂手语交流，总是不明白管理员的要求，苏古阔看到后，就一遍一遍示范给同学们看，直到他们看懂为止。他经常在食堂餐厅用他自己在学校读书时的经历教育同学们要遵守纪律，有序排队就餐，做一个文明有礼、节约粮食的好学生。因为同是听障的人员，有着共同的感受，学生们对这个热心的大哥哥感到非常亲切，也乐意接受他的帮助。个别行为比较古怪、思想比较顽固的听障小同学，慢慢地都向他学习，逐步成长得更好。

做劳动教育的好榜样。为了帮助小同学从小养成讲卫生爱劳动的好习惯，苏古阔常常在早上上班前和老师同学们在校园进行晨扫，下午下班后参加校园卫生保洁服务劳动。他看到校园树丛、花圃或者地面有纸屑、树叶和垃圾，都亲手捡起来放到固定的垃圾桶里。小同学在扫地的时候，有时没有及时把地面的垃圾收拾干净，他一看见就马上去找扫把和垃圾铲，把地面的垃圾和灰尘打扫干净，还不忘打着手语提醒同学们下次要记得先扫地再装垃圾，然后把垃圾拿到垃圾屋分类放好。有时候在餐厅看到个别同学不小心把饭菜掉到地上了，他马上帮同学们重新换了饭菜，然后自己拿工具把地面清理干净，让同学们可以按时去吃饭，按时午休，也可以防止同学们不小心踩到滑倒。他就是这样，时时处处为别人着想，给同学们做示范，做榜样，急他人所急。很多同学都乐于向他学习，在行为习惯和文明礼貌等方面发生了很大的变化。

做岗位创新的好能手。近三年，因为疫情的原因和食品安全管理的严格规定，学校根据实际，让苏古阔负责食堂师生早餐的点心制作，他毫不犹豫答应了这份“额外”增加的工作，因为他希望老师和同学们吃得好、吃得开心。每周五天他都变着不同的花样给师生们制作不同的点心：糯米卷、白馒头、南瓜馒头、花卷、烤餐包、菠萝包。他不单在点心的样式上讲究，还在点心的品质上下功夫。为了给老师和同学们做出口感更好和更加满意的点心，他在烹饪老师的指导下，一遍遍尝试面粉水分比例、发酵时温度，记录春夏秋冬不同时段需要的发酵时间。冬天的时候，本来可以用发酵箱发酵得更快，但为了师生们可以吃到口感更好、软硬适中的包子和馒头，他宁愿选择自然发酵，有时候包子发酵到晚上十点钟，把包子和馒头蒸好的时候已经到十一点钟了，他默默坚守，从来没有怨言，第二天六点钟起来，把包子、馒头按时加热送到餐厅。一如既往，天天如此，从不懈怠。

业余时间保持健康的爱好。工作10多年来，苏古阔不但在自己的工作岗位做得很出色，在业余时间，也继续坚持工艺雕刻业余爱好。他经常利用晚上和周末的休息时间，跟着李璋老师和雕刻兴趣小组成员雕刻竹木牌匾或者给牌匾上色。雕刻最讲究耐性和细心，很多初学的同学往往要很长时间才能做到，有个别没有耐心坚持，苏古阔就现身说法给同学们讲述雕刻工作要专注、认真、细心和勤恳的道理，鼓励同学们只有坚持认真学习、练习才能掌握好技能。榜样的力量是无穷的，很多听障学生不同程度地受到苏古阔积极的影响，认真学习，养成良好的劳动习惯和正确的劳动价值观，毕业后稳定就业。

苏古阔是我校众多平凡的听障生之一，他用实际行动克服听力和语言带来的障碍，用积极和阳光的心面对生活，热爱生活，甘于平凡，在平凡的岗位上践行爱岗敬业的初心，用实际行动追寻和谱写不一样的七彩人生。

二、醒狮唤自信，击鼓振精神——“特殊”的舞狮队在醒狮起舞

“咚灿哒咚咟，咚咚咟！”2018年12月20日下午3点，午后阳光透过窗户,把湛江市特殊教育学校舞蹈室照得明亮，也把连日雾天的湿闷一扫而空。此间，一群特殊学生正跟着文康健、陈国能老师学醒狮。

醒狮，融武术、舞蹈、音乐于一体，广受湛江市民喜爱。逢年过节、开张庆典、赛会喜事，无不需要醒狮助兴。遂溪醒狮，是国家级非遗项目、湛江特色文化名片。“让特殊学生学醒狮，是为了提振他们的精气神，唤醒他们自信自强。”湛江市特殊教育学校龙狮团如今已成一大品牌，但当初组团时，要到班里一个个地把学生“哄”来。一开始，有的学生是怕麻烦，有的学生是不自信，但接触下来后，大家都喜欢上了醒狮。

腾挪闪扑、回旋跳跃，醒狮动作大开大合，刚柔相济。站在练习场地，锣鼓齐鸣，仿如平地起惊雷，频频鼓点直达心灵，精气神十足。如果不是两位老师介绍，根本看不出舞狮的学生竟然听不到敲锣打鼓，而配乐的学生看不清醒狮起舞。他们合作得天衣无缝，靠的是老师这根“指挥棒”。

训练或表演时，文康健老师会面向醒狮队，踩着鼓点节拍手舞足蹈，

彩狮便跟着他的动作起舞，他的动作，时而伸手摘星，时而俯身揽月。陈国能老师则从旁协助，纠正学生动作。师生之间的互相信任，让不可能变成了可能。

朝夕相处的训练配合，让这些学生亲如兄弟。一声鼓响，锣镲有声，舞者瞥一眼鼓者动作，便心中了然："咚"是敲鼓中心、"灿"是镲镲相击、"哒"是击打鼓边，而"咶"是右手鼓棍与左手掌心同时碰鼓膜所发出的闷声，如粤语入声发音，一响即收。鼓者手中动作便是舞者心中乐谱，舞者口中呐喊又引鼓者知己共鸣。

奏一曲锣鼓喧天声威壮，好一场特校醒狮争荣光。醒狮唤自信，击鼓振精神！

三、全伟雄：从听障生成长为陶瓷艺术大师

8月初，我们收到毕业生全伟雄发来的一则振奋人心的消息："林老师，我获得了第十届国际残疾人职业技能竞赛国内选拔赛第二名，明年代表中国赴法国参加国际残疾人职业技能竞赛。"

短短的一句话，犹如一道灿烂的阳光照进我的心里！我高兴极了，说："老师祝贺你！祝贺你再次为我们广东残疾人争光！老师要向你学习！"

伟雄还像以前那样平淡而低调地回复我："老师，我还要继续努力！"之后，他把比赛的一些照片和资料发给我看。我一边看一边和他微信聊，才知道第十届国际残疾人职业技能竞赛国内选拔赛于2022年7月22—23日在浙江省嘉兴技师学院举行，选拔赛共设置了美发、刺绣、烹饪、室内摄影、初高级家具制作、初高级女装制作、陶艺、钩针编织、食品雕工9个比赛项目，共有来自全国20个省市41名的选手参加选拔。其中陶艺项目有来自江苏、广东、云南、福建、青海、贵州等六地的残疾人选手同场竞技，激烈角逐。经过150分钟的努力拼搏，全伟雄凭借过硬的实力荣获陶艺项目第二名，获得第一名的是江苏省代表、肢体三级残疾人、正高级

工艺美术师陈忠庆。根据选拔赛规定，获国内选拔赛前两名的参赛者有机会入选“国家队”残疾人职业技能选手，将于2023年代表中国赴法国参加国际残疾人职业技能竞赛。

看着伟雄一张张专注比赛的照片，思绪很快把我拉回30多年前。

全伟雄是我校1988年招收的首届24名听障生之一，籍贯廉江，学籍记录入学的时候12岁。据他父亲介绍，伟雄并非天生失聪，而是在几个月大的时候，因为一场高烧而永远失去了听力。自那时起，他只能用眼睛感知这个世界，入学后才慢慢学会了用手语和书面语进行交流。

我校第一批入学的24个听障孩子，入学后分为2个班，全伟雄在二班，他的班主任是教语文的梁巧珍老师。我那时是学校团支部书记兼大队辅导员，教美术、手工和其他一些科目。记得他刚入学的时候，是一个腼腆文静的男孩，任何时候见到老师都是点头微笑，很有礼貌，我当时还表扬他家教好，孩子各项习惯和能力都不错。当时因为有个别学生对学校全寄宿生活不适应，经常哭闹和“逃跑”，害得老师经常外出找人。每每这个时候，全伟雄就成了老师的小帮手，他会打着手语给“逃跑”找回的同学做“思想教育”，告诉他们要好好听老师的话，认真学习，长大才可以找到工作。老师们都说，凡是老师布置的任务，全伟雄都认真完成，学习刻苦，劳动积极，责任心强，常常受到老师们的表扬。

我当时负责学校的美术、手工和全校的宣传工作，每次举办大型活动都要写横幅、挂标语。我一般都是在吃完晚饭后才有时间写横幅，写好后还要垫着白纸逐字切割或用剪刀把每个字剪出来，再用大头针别在红布上。这个工作不单费时费力，而且眼光要好定位要准，否则返工需要的时间更多。有一次，差不多是晚自习后的时间，我一个人静静地在剪横幅字，转头看到小伟雄站在我身后静静观察我剪字的动作，我发现他的时候，他就打着手语和我说：“老师，我帮你！”我当时特别感动，感觉告诉我，这是一个善良又特别的小男生。晚自习后大家都你追我赶跑回宿舍了，他一个人静静走来看我干活，还主动帮忙，有生如此，幸甚至哉！我给他示范两次后，他居然可以按照我排的顺序逐字别在红布上。从那时起，我就特别关注他，在上美术、手工课的时候有意识地训练他，给他更多的机会实践，还常常用湛江市聋人艺术家的事迹鼓励他（当时湛江市博物馆和湛江市美术公司有两位聋哑人的绘画、版画很好），希望给他稚嫩的人生播下梦想的种子。

全伟雄的父母很重视孩子的教育，非常配合学校的工作。我们几个刚从师范毕业的年轻老师开始工作的时候只比学生大七八岁，与学生的关系亦师亦友亦亲。上课时，我们是他们的老师；下课后，就像他们的大哥哥和大姐姐一样，与他们吃在一起、住在一起，学校就像一个大家庭。虽然他们听不到、说不出，但师生之间可以通过手语、看口型、书写等进行交流，沟通无障碍。所以，对他们的教育教学方法是“普特”兼修，不管是普校的还是聋校的，只要是有效的就是好方法。看着他们一双双明亮渴求知识的眼神，老师们都恨不得把自己所学、所能全教给他们。除了在教室学习文化课外，我们的劳动课和课外实践课也丰富精彩。我们与学生一起在荒坡地种菜、栽花、植树，也带他们一起学习养鸡、养猪，开设木工、金工、修自行车、理发等兴趣实践课。我们把会的日常生活技能毫无保留地教给学生，目的就是让他们克服自身障碍，自尊自信，将来能自食其力。伟雄和同学们不但学得快，还能学以致用，全伟雄和朱卡平、陈日凤、吴一兵等都是当时的劳动小能手。在每次外出的公益服务惠民劳动中，伟雄和同学们的“聋人身份”和劳动技能都同样获得市民的特别关注。他们把学校学到的维修服务技术用到公益便民服务中，小小的他们不仅懂得要自立自强技能，还能服务社会，以助人为乐。从那时起，自立自强和感恩回报社会的种子，已经深深植入小伟雄的心中。

1996年，我校首批八年级学生毕业，踏上了就业之旅。据后来了解，全伟雄先后做过搬运工、服务员等工作。他曾不止一次面对媒体说：“曾经的我，梦想很简单，只想当个卖水果的。可能是我一直在努力改变自己，于是渐渐成了一名陶艺师。”伟雄就这样，用一句简单的话概括了他毕业后崎岖的就业历程，他具体都经历了什么，他没有详细说。但我知道，毕业后他一直坚持学习，一直在不停地前行，他的步伐从来都没有停止过。

据伟雄说，2002年，湛江市残联告诉全伟雄父亲一个信息：佛山开办一个针对残疾人的陶艺培训班，建议去看看。父亲对全伟雄很有信心，就这样，全伟雄与另一位同伴来到了这个培训班，找到广东省职业技校与石湾莲峰陶艺名家研究制作学会联合开办的广东省残疾人陶艺培训基地。全伟雄先在广州学习了一个月，然后转到石湾学习，在石湾学了3年陶艺，2005年正式毕业。毕业时，全伟雄每天都要工作10至12个小时，月收入300至700元，很多同学坚持不了而纷纷转行，但他不放弃，硬是“熬”了下来，因为他知道，所有的成功都不是轻轻松松就可以得到，所有的执着和坚持终会有回报。伟雄觉得，结缘陶艺，是命运给自己的一次安排，怎能轻易放弃？他坚信：会在坚持中创造奇迹！

伟雄2005年从广东省残疾人陶艺培训基地毕业，后进入新美陶公司创作室，师从中国陶瓷艺术大师霍然均。霍然均是中国陶瓷艺术大师，擅长陶塑动物及人物、壁画的创作，是石湾陶塑动物传承者之一，被誉为我国陶艺界的“南狮王”“麒麟王”。由于听障的缺陷，他开始只能用纸笔与霍大师交流，每天下班回到宿舍后，他还要花至少3个小时查资料自学，经常会看到“眼睛痛”。在陶艺这条路上，他比常人付出更多的努力。全伟雄说：“别人几分钟就能掌握的技巧，我要花更多的时间去摸索。比如很多树干的肌理，还有鸟兽的羽毛，单靠自己琢磨无法很快掌握。所以，这个时候我就会去请教师傅，看师傅示范怎么做，我还要翻阅大量作品资料。”

霍然均大师对全伟雄这个特殊的徒弟爱惜有加，倾囊相授。伟雄把所有的时间投入石湾传统陶艺的钻研中，在霍大师的指导和引领下，全伟雄慢慢形成了自己独特的创作风格，多以瓜果、昆虫、植物、花鸟为题材，意境丰富、细腻入微，其饱含的空间装饰性能完美融入现代家居之点缀陈设，他的优秀作品在市、省和国内多次展出并获奖。2007年，他的作品《姜太公》荣获“第九届中国工艺美术大师作品展”银奖。2009年，他的作品《高山流水》荣获“传统与创新—工艺美术作品展”铜奖。同年，全伟雄正式进入新石湾美陶厂公司，从事陶艺创作。

每一朵乌云背后都有阳光，没有什么可以阻挡。天生的听力缺陷让全伟雄的人生走了不少的弯路，却让全伟雄自动屏蔽了纷繁的外界干扰，工作起来心无旁骛，他自己也特别喜欢这种“静”的感觉，因为这样更能潜心于艺术创作。他把视觉、触觉的功能发挥到极致，似乎具备比一般人更敏锐的视觉优势，更善于观察，也对“漂亮”“美”有了与别人不一样的理解。平时生活中，全伟雄是个“细节控”：在切水果时，他会观察水果的表皮纹理；在公园散步时，他会留意小狗的面容、神态、皮肤和毛发；上网时，他会浏览远镜头拍下的飞鸟图片，积累鸟类在颜色、羽毛、飞翔动作等方面的素材……他说：“所有陶艺作品都是基于现实而创作的，不会凭空想象而盲目设计。”琢磨如何用更生动活泼的形式表现陶艺，已成为他的习惯。2011年，他的作品《淡泊幽香》荣获“中国工艺美术文化创意奖”银奖，《田园飘香》荣获“广佛中青年陶艺家精品展”金奖。2011年，他在南京参加第四届全国残疾人职业技能竞赛，获得拼搏奖；2012年，他的《倾心图》于党的十八大召开前夕，进入人民大会堂广东厅进行展示陈设并被收藏。同年，他的《官上加官》荣获“中国工艺美术文化创意展”铜奖。

2013年，他的作品《竹报平安》荣获“中国工艺美术文化创意展”银奖，《报春》获“第三届广佛暨三地同城工艺美术邀请展”银奖。2013年，他被授予“佛山市陶瓷艺术大师”荣誉称号，据省残联有关资料介绍，这是广东省首位获得市级陶瓷艺术大师称号的聋哑人。

2014年，他的作品《情意绵绵》荣获“上海国际陶瓷艺术博览会暨上海‘白玉兰’国际陶瓷艺术奖评选活动展”银奖；同年，该作品荣获“第六届广东省陶瓷艺术与设计创新大赛暨第四届广东省陶瓷艺术精品展”

银奖。

2014年，于浙江参加2014年中国技能大赛，在2014年全国残疾人岗位精英职业技能竞赛中荣获全国陶艺技能第五名；同年，作品《招财佛、哈哈佛、欢喜佛》荣获“第七届广东省民间工艺精品展”银奖。

2016年4月，在佛山举办“田园雅趣——全伟雄陶瓷原作精品展”。同年，他被母校湛江市特殊教育学校邀请回校为学生讲授陶艺制作课程，受到师生高度赞誉。

2017年，作品《犀牛罗汉》荣获“佛山市工艺美术精品展”银奖；同年，作品《花好良缘》荣获“佛山市工艺美术精品展”金奖。

2018年，获得“佛山市工艺美术大师”荣誉称号，回母校参加建校30周年校庆，此时，他同时是“广东省技术能手、广东省陶瓷行业技术能手、佛山市陶瓷艺术大师、工艺美术师”。对于听障人士来说，陶艺成绩斐然，可谓取得了“大满贯”。

2019年，他到浙江参加2019年中国技能大赛，在2019年全国残疾人岗位精英职业技能竞赛中荣获全国陶艺技能竞赛第三名。2020年，他参加广东省职业技能大赛陶瓷装饰（陶瓷雕塑）工艺竞赛，获得第一名。

而今，全伟雄再获佳绩，并且将代表祖国出国比赛……全伟雄就是这样一步一个脚印，用匠心成就梦想，用技能点亮人生，一次又一次成就自己、超越自己！

全伟雄曾说，他的目标是在佛山买房，把女儿从湛江老家接到佛山定居，一家人幸福地生活在一起。我相信，全伟雄会用自己的双手，实现自己的梦想！

第三节　劳动教育研究成果丰硕

近年，湛江市特殊教育学校立足本校实际，成立劳动课程教研组，组织教师开展劳动教育专题研究和形式多样的劳动教学研究活动，分享研究成果，挖掘个体优秀经验，不断提高我校劳动教育水平。

一、有效开展劳动教育，培养特殊学生良好品格

劳动教育是连接学生与社会生活的纽带和桥梁。我国特殊教育学校劳动课程的发展与特殊教育发展相一致，在特殊教育学校出现的同时，劳动课程就出现在特殊教育中。特殊学校的劳动教育应该以提高学生综合能力、培养学生良好品格为核心。在对特殊教育学校的学生进行劳动教育时，教师应遵循他们的身心特点，努力创设适合他们需要的劳动教育内容，让他们掌握劳动知识，学会劳动技能，树立劳动观念，养成良好的劳动习惯和生活习惯。

劳动教育与特殊学生品格形成的关系：在素质教育背景下，劳动教育的性质和价值被赋予了新的时代内涵，对特殊学生提出了新的发展要求。良好品格是一个人在成长和学习过程中逐渐形成的，与个人的行为习惯和思想意识有关。良好的品格能够助力人的发展，使人更出色地开展各项社会活动。长期以来，大多数学校对特殊学生良好品格培养采用的是谈话、说教、约束、立规矩等教育方式。这些传统的教育方式效果并不明显，不能有效培养特殊学生的良好品格。随着教育的发展，学生良好品格培养已成为特殊教育关注的重点。特殊学生良好品格培养有多种途径和方式，劳动教育突出实践性和体验性，教育效果显著。劳动教育能将特殊学生品格培养融入社会生活和社会实践，对特殊学生成长意义重大。

特殊学生劳动教育的品格培养目标：帮助特殊学生认识和了解劳动的意义，理解劳动的形式和价值，端正劳动态度，养成良好的劳动习惯，提高劳动能力，这是特殊学校开展劳动教育的道德情感总体目标。具体而言，提高特殊学生对于劳动的认识，并结合劳动体验，丰富特殊学生的日常生活和学习，改变特殊学生因为生理、智力上的缺陷所引起的对社会的远离、对周围环境的冷漠、对他人关注的胆怯等不健康的行为和心理，推动特殊学生积极融入社会生活，形成正向的心理品质，形成向往社会生活

的心理与愿望；让特殊学生感受人与人之间互帮互助的情感，从而更加热爱国家、热爱社会、热爱集体、热爱生活、热爱劳动，走出原有的“舒适圈”，拥抱社会，增强生活的信心；使特殊学生能够约束自己的行为，形成规范性的行为意识，明确生活和学习目标，增强面对困难、克服困难的勇气，形成刚毅、坚忍的性格；让特殊学生通过劳动体验克服自卑心理，锻炼融入社会生活的能力，培养集体主义精神，学会利用团结协作完成学习和工作任务，学会待人接物和最大限度地发挥自己的作用，做一个对社会有用的人。

特殊教育学校劳动教育的途径与方式：校内劳动教育课程，包括听力障碍学生的劳动教育、视力障碍学生的劳动教育、培智学生的劳动教育。课外校外劳动实践课程建设，包括班级个人选修劳动课程、家校合作劳动实践课程、公益服务劳动实践课程、基地校企劳动实践课程。

近年来，我校积极优化校内劳动教育课程，拓展校外劳动实践课程，促进学生劳动能力的养成，培养良好的劳动品质。

总之，对于特殊教育学校来说，劳动育人的首要任务是通过劳动教育让学生掌握劳动知识，学会劳动技能，树立劳动观念，养成良好的劳动习惯。特殊教育学校的劳动教育对学生的成长、家庭养育以及社会发展有重要意义，具有育人价值、社会价值、文化价值。因此，特殊教育学校要积极开展劳动教育，培养学生良好品格，让学生更好地融入社会生活，适应社会生活。

二、融合教育背景下培智学生劳动教育实践探索

劳动教育在新时代教育体系中具有重要地位，对培养智障学生劳动技能，提高劳动素养，锻炼意志品质，促进身心康复，增强生活能力具有重要作用。为了提高学生的劳动服务能力、居家生活技能和职业技能，让劳动教育课程更加适应学生的需求和发展。笔者所在学校组织教师积极探索适合创设具有本校特色、符合学生的认知水平和动手操作能力的培智劳动

教育课程。通过调查研究，学校开设洗车、垃圾分类、园艺种植、餐厅服务、家政等劳动教育实践课程，为学生创设真实的劳动场景，引导学生在情境中学习与锻炼，从而让学生适应社会，适应生活。

垃圾分类增强培智学生的劳动意识。培智学生利用学校和社区资源，通过垃圾分类劳动实践实现从学校学习到社会学习。培智学生走出校门，融入社会，与正常人沟通交往，在真实的场景中学习赚钱、买菜、做饭，获得必备的劳动技能和生活技能，为高质量融入社会生活做好充分的准备。乌鸦反哺，羔羊跪乳，感恩教育是培智学生德育教育的重点，感恩让我们的生活更加美好。在感恩节当天，学生使用可回收物赚取的钱到超市和市场学习买袜子送给爸爸妈妈，用实际行动感谢父母的养育之恩。

职业训练提升培智学生的劳动生产能力。笔者积极探索通过劳动教育进行职业启蒙教育，开设使用我校培智学生的职业教育课程。例如：结合学校教职工通勤交通工具主要是电动车，根据综治办统计学校教师共有230辆电动车，这为学生开展“清洗电动车”课程提供了充足的电动车资源。培智学生的智力发展迟滞、记忆力差等特点，为了帮助学生学习清洗电动车的技能，形成结构化、程序化的劳动模式。教师根据电动车的结构和原理，编写《清洗电动车》校本教材，统一清洗电动车的步骤：车头—车身—车尾—车轮，分析学生的能力可以完成哪个部分的清洗，制定适合的教学目标，保证全员参与。学生在清洗电动车的劳动实践中学会与教师沟通清洗电动车的要求，学会与同伴合作完成清洗电动车，学习服务他人的劳动意识和结构化、程序化的工作流程，培养培智学生劳动素养。

居家生活劳动提升培智学生自我服务能力。为了进一步提升学生必备的生活能力，必须要促进家校沟通。笔者的学校通过家校合作的方式让家长参与学生教育和成长。在学校层面，学校成立家委会和家长志愿者，让家长的意见和想法参与学校的决策中。家长通过志愿者活动参与到学校组织举办的“护学服务队”“运动会”“亲子活动”等活动，家长们能充分了解学生的学习生活情况，对孩子的成长和未来树立自信心。在班级管理上，笔者与家长积极沟通，根据孩子的能力制定家庭劳动任务，让学生在家庭中帮助家长做力所能及的事情。

特殊教育的最终目的是帮助特殊学生更好地融入社会生活，就业是帮助培智学生获得身心良好发展的重要途径，也是进一步检验培智职业教育成果的标准之一。我校培智职业教育教师结合人才市场的需求，积极探索适合培智学生的职业训练课程，培智学生能通过学校的多年教育真正走进社会，实现教育的意义，体现培智学生的存在价值，实现其人生价值。

（本部分供稿人翟梦雅，引用时有删改）

三、4—6年级培智生班级劳动主题教育实践探索

现状和困境：学生的个体差异大，增加了班级整体开展劳动主题教育的难度；劳动主题教育校本课程资源匮乏，增加了教师教学实践的难度；“家—校协同”不足，是有效开展班级劳动主题教育的阻力。

过程与方法：树立劳动榜样，落实“个别帮扶”；筛选劳动绘本，激发劳动兴趣；开展本班“资源回收，变废为宝”项目课程，促进家校共育。

讨论与反思：

第一，基于培智课程新课标，围绕劳动主题教育整合学科教学。新课标是学科建设、教材编写、教师教学总指导和具体依据。“劳育”作为五育之一，对于培智学生的成长具有重要意义，但是培智学生认知、动作整合等处于劣势，所以在教学内容上，教师要转变观念，打破学科之间的局限，重视知识之间的迁移。在开展劳动主题教育时，需要围绕“主题”整合不同学科间的知识，设计统整活动让学生获取各类劳动体验，内化“知识与技能”学习，形成劳动能力与习惯。

第二，优化班级管理，注重榜样力量和个别辅助，形成班级劳动育人文化。班级劳动主题教育的实施，需要优化班级管理，关注班级中能力较弱的培智生，同时充分利用班级中能力较强的学生，利用好能力强的学生

的带头作用，发挥扮演的力量，对于能力弱的加强个别辅助，同时班级教师要协同互助，营造劳动主题教育相关活动文化的创设，班级劳动小能手评比管理制度的等，营造班级劳动文化，发挥班级劳动文化育人功能。

第三，整合劳动教育相关绘本资源，形成有效的本班劳动主题课程资源。绘本故事，图文并茂，适合培智学生心理行为特点。因此整合各类和劳动教育相关的绘本资源，对于班级系统开展劳动主题教育具有积极意义。在劳动主题教育实践中，班级教师以及学校层面可深度整合各类与劳动教育相关的绘本资源，加强校本绘本课程资源的开发，增加教师在劳动主题教育教学中课程资源的选择度，丰富课程教学。

第四，开发本班劳动主题教育项目课程，促进家校共育。劳动主题教育的开展需要充分发挥家长的作用。因此，班级劳动主题教育实施过程中，需要针对班级学生情况，针对性地设计本班劳动主题项目课程，采用大单元、小主题的形式，促进学生及家长深度参与各类劳动主题教育活动，充分发挥家长的力量，形成家校协同育人的班级劳动教育课程实践形式。

综上所述，在进行培智劳动教育中，要依据新课标的具体要求，要结合培智学生的特点，进行个别指导；善于树立师生学习榜样，通过多种活动形式促使家长充分发挥协同作用；统筹整合各学科的教学，融入劳动教育知识，善用绘本故事的趣味性进行教学，形成一套切实可行的劳动主题教育本班课程。

（本部分供稿人陈海燕、胡永清，引用时有删改）

四、点亮心中明灯，回归和谐社会——培智生苏晓锋的劳动就业之旅

他是湛江市特殊教育学校启智部第一位成功就业的毕业生，在“政府—社会—学校—家庭—个人”五位一体的共同助力下，照亮特殊学生就业之路，12年勤勤恳恳的劳动教育得以实现个人价值和创造社会价值的职

业生涯之旅。

下面，让我们说说晓锋的故事！

苏晓锋，男，1998年，障碍类别为智障，残疾等级为四级；认知能力相当于普通小学五六年级；自理能力达到正常人水平；沟通语言主要为普通话、粤语，语言沟通能与人进行简单的对答，长句子的语言组织能力有待加强；性格有些倔强，无较为突出的情绪与行为问题。喜欢雕刻、绘画和看漫画。

晓锋拥有的优势资源：一是残疾等级较轻，认知能力较好，可塑性较大；二是具有基本的生活自理能力，会独立搭乘交通工具；三是家庭氛围和谐，父母愿意一直积极支持并督促个案就业；四是情绪较为稳定，没有常人所接受不了怪异或刻板行为。

劣势资源：一是没有一门精通的职业技能，每项技能属于初步阶段，还需在实际场所多加训练；二是工作持久性较差，没有吃苦耐劳的精神，而且对任务完成没有完整性的概念。

为了让他挖掘自己的优势以及提升自己工作学习能力，我们从形象礼仪、办公技巧、职业准则三个方面来制定目标，通过统整多方的资源力量，对其提供一系列的支持性就业服务来提高他的工作能力，以支持他过上独立自主的成人生活。

形象礼仪目标：能够整理仪容仪表，改变日常邋遢的形象，如穿着正式，整体干净整洁；注意刮胡子等个人清洁；注意个人日常精神面貌好；定期修剪指甲整齐，保持干净；等等。

办公技巧目标：能够使用智能手机提高办公的效率，如能记住和保存自己、爸爸妈妈的手机号码；添加微信工作群、微信号；使用微信付款；学会微信接龙；能用简单的文字回复消息；学会使用常见粤康码等小程序；学会看文件；简单的复印技能；等等。

职业准则目标：初步了解职场工作要素，如认识学校的组织结构，如教务处、总务处、教师办公室、各班级等；整理和清洁自己的办公区域；

在图书室时，不可与学生讨论与课程无关的话语，如准时上下班；遵守会议纪律，不吵闹，不插嘴，认真聆听会议分配给自己的任务内容，不懂多问负责老师；不早退不迟到不旷工；不可以在工作时间看手机（除查看工作、妈妈、老师消息外）；爱护学校公物财产，不可以带回家；请假事宜（向谁请假，如何请假）；主动与其他老师打招呼（早上/中午/下午好）；能够看懂日期和星期；等等。

为了顺利展开个案服务计划的实施，教师们在培训课程中扮演导师角色，对个案开展为期一周的适应性训练，并观察记录苏晓锋的认知程度、工作掌握程度、情绪反应、行为态度、形象礼仪等，让其在模拟工作中获得更直接更真实的工作体验，以协助他更好适应各种工作的安排。根据呈现的效果看，苏晓锋很好完成形象礼仪、办公技巧、职业准则的目标。在学习的过程中，晓锋一直秉持着热情、谦虚的状态学习更多的知识，但会出现很多不懂职场礼仪、站姿随意、不够礼貌、责任心不够强、不够主动汇报等情况：

情况1：当请苏晓锋帮忙从3楼拿资料到7楼教务处给吴老师时，因为没有看到吴老师，而把书放在其他老师班上，没有说清楚，也没有联系吴老师，让吴老师在那边等待。责任心需要提高，特别是哪位教师安排的工作，在完成后必须给该老师汇报“已完成”或者交到该老师手上。

情况2：在敲门表达自己目的时不清楚，没有提前告知其他老师自己来做什么。表达来意，在职场中需要做到礼貌表达，会表达。

情况3：晚上打“王者”游戏时竟然将邀请发给朱主任和林老师，没有意识到这个是不能发给老师和领导的。教师教导只能发有关工作的事情给老师和领导。后期有没有改正，还需观察。

进行一系列的培训活动中，在全力争取下，湛江市第一小学打算试用晓锋，这是关键一步。为了让晓锋更好适应工作新环境、工作地点，由黄飘平老师成为影子老师，对其进行全面的跟踪指导。在湛江市第一小学的全体会议中，苏晓锋表现极好，能够在会议中一个半小时安静坐好，并且能在领导点到名字的情况下，站起来点头微笑，打个招呼，举止大方，具有良好的会议礼貌。在与领导沟通时，能主动打招呼，对朱主任的基本问题他都能淡定回答，给对方留下较好的形象。但在跟踪过程中，也存在很多的问题，老师持续对他进行针对性的培训与指导。

计划1：使用小型打印机。教学效果：在使用小型复印机复印身份证时，第一次由于将身份证放在太靠边的位置,复印错误；第二次反面复印在另一面，没有清楚纸张出来的原理，复印错误；经过晓清老师的示范，第三次复印正确；第四次、第五次正确；第六次换成银行卡复印，也正确。

计划2：记录每天工作内容。利用便签，将一天的东西按点罗列出来，并每天截图发给黄老师。教学效果：能进行1、2、3、4分点；能在提示下，用手写或语音转文字将事情记录下来。

晓锋就业，从湛江市第一小学的3个月，到湛江市第十中学的6个月（从2022年3月1日持续至今），他与其家庭一直在努力，老师也一直在探寻专业支持，逐渐引导培智生利用好外部支持，最终达到外部支持隐退，使智障生完全融入社会生活。

结论：特殊青年支持性就业服务，从用人单位来看，接纳特殊人群就业能让用人单位降低经营成本，给企业带来实实在在的利益，同样能让用人单位承担起一份社会责任，有一份社会关怀；从学校等教育组织机构来说，每位特殊学生都是被搁浅在社会“沙滩”上的“帆船”，而特殊教育便是助力帆船驶入海洋，从隔离生活走向融合社会，是实现特殊人群平等融入社会生活的根本，真正做到尊重生命、维护尊严、保障人权，彰显着社会的公平正义，推动社会文明进步。从特殊人群以及家庭来说，帮助特殊人群获得一份合适的工作，提供给他们一份收入和生活保障，提供融入社会的机会，实现生命的价值和意义。3年的职业教育让晓锋通过技能训练，获得较为专业的能力，但因在职业教育阶段未定位清晰，晓锋的职业技能还不能达到精通程度，从第一份工作的“杂工”到第二份工作的以

“清洁服务”为主，职业方向渐渐清晰，并在支持性就业模式下，挖掘晓锋的优势资源，善用社会资源，链接和匹配适合障碍者的岗位，使其能获得稳定的收入。

反思：在社会层面，加强就业辅导员的培养。在学校层面，推动职业教师高质量发展。在家庭层面，挖掘家庭教育的优势资源。

（本部分供稿人黄飘平、吴晓云、任娟，引用时有删改）

五、翻转课堂在培智劳动技能教学中的应用——以《蒜蓉生菜》为例

目前劳技教学形式不灵活，不能突出自身的特点，影响了学生的技能发展，在实际教学过程中，教师示范讲解占主要部分，学生亲自参与实践的机会甚少。另外传统劳技课以现场教学为主，教师手把手地教授学生相关劳动技能，虽取得了一定成效，但仍存在如下问题：教学模式相对固定、单调，与培智教育的需求不适应；课堂教学不够灵活，学生参与实践的可重复性较少；家长缺乏相应的技能训练方法：传统的劳动技能教学无形中设置了课堂围墙，使得学生家长有力无处使，在课前和课后无法自由、灵活、充分地给予学生针对性的指导、有效的帮助。

鉴于以上问题，笔者利用翻转课堂的理念，尝试将微课应用于劳动技能教学过程中，探究反思，体会颇多。下面以《蒜蓉生菜》一课为例，加以说明。

课前精心设计教学形式或方法：录制微视频，让学生提前预习；建立学习小组；建立奖励机制。在《蒜蓉生菜》这一课中主要采用内容激励、榜样激励和奖品激励：内容激励上，蒜蓉生菜是一道美味的菜肴，制作的成品将奖励学生自己品尝；榜样激励上，希望同学们做出的蒜蓉生菜能像厨师做的一样美味的；奖品激励上，两组同学按照老师布置的任务，在各自的任务区完成后，再协助同组的小伙伴，率先完成的组别将获得今天的奖品。

有序开展课堂活动：创设情境，导入新课；再现视频，归纳步骤；小组合作，指导练习；展示作品，评价总结。

《蒜蓉生菜》一课利用翻转课堂的理念和现有的教学设备设计教学。课前录制好制作蒜蓉生菜的微视频，让学生提前观看，然后在课堂进行学习巩固，增加了操作的时间，较为有效地达成了教学目标。在课堂上充分尊重学生的差异性，按照学生的程度，安排了不同难度的学习任务，如在制作蒜蓉汁的过程中，让会使用刀具的同学用刀具将蒜切细，让不会使用刀具的学生用蒜蓉器压蒜泥，建立了与他人互动、分工合作的氛围。另外重视学生体验的过程和学生的个性发展，在课堂上把更多的时间留给学生亲自动手实际操作，让动手来促进动脑。

翻转课堂在劳动技能课堂中的运用很大程度上提升了课堂质量，不仅为学生提供了足够宽敞的学习空间，还为家校协作提供了很好的形式。但是在运用的过程中应注意以下几点：注重情境的创设；适当转换教师角色；教学指令多样化。

（本部分供稿人陈琴，引用时有删改）

六、基于CIPP评价模型的培智生垃圾分类主题教育课程建设现况分析

基于CIPP评价模式，从“背景、输入、过程与成果”四个方面对湛江市特殊教育学校培智生垃圾分类主题教育课程建设现况进行调查分析。通过问卷调查，辅以质性访谈、田野调查等研究工具收集相关资料综合分析，发现湛江市特殊教育学校培智部在课程体系建设、教师专业能力成长、家校协同以及课程资源的整合等维度需要继续优化，同时需优化不同学段课程目标设置与环境规划，加强垃圾分类主题课程建设及相关师资队伍建设，确保培智生垃圾分类课程目标达成，生成校园垃圾分类劳动教育文化、发挥其文化育人功能。

当下社会上有很多校外资源，但是目前在垃圾分类主题教育方面，学

校层面没有做很正式的接洽，主要是老师们在开展课程的时候，带学生走入学校隔壁的垃圾回收场，我们去卖可回收物资，回收厂的老板都十分配合老师们开展这类课程。

最近两年，部门相关课题研究小组一直在开展垃圾课题研究，但是从推广度上还是比较缺乏，前期比较频繁开展研究互动，使很多教师卷入其中，后来好像冷清下来，学校层面似乎并没有积极规划整体性推进方案，促进垃圾分类相关教育课程更深度地开展。

2019年，学校积极参加申请省级校园生活垃圾分类示范教育基地，开始更深入地从教育层面来研究，但是未开发出成套的教材，而学校支持教师购买参考教材，并鼓励教师针对学生情况开发适合他们的教材，目前还处在开发之中，完成了简单的初稿案例集，但是在学校层面并未开始推广使用。

目前社区有很多环保爱心组织，我们可以主动联系加以利用，开发社区环保资源，让部分学生和家长参与其中。

我们可以引入社会专业人士进入特殊教育学校，给老师、学生开展专业培训。

我们做课题，组织层面还是缺乏应用研究成果的机制，好像这事主要是课题组的事情，我们的很多研究方案成果，不知道如何被学校决策层看到，并采纳，继而推动垃圾分类主题教育真正地融入教育系统，这也是这几年来教育系统各类文件的要求。

目前在实施过程垃圾分类主题教育过程中，主要是生活语文、生活适应学科老师承担垃圾分类相关教学，所以并不是所有的教师熟悉垃圾分类相关理念与知识。另外在实际操作层面，由于学生能力的不同，目前学校开展垃圾分类实操的课程主要集中在高中的部分班级，在义务教育阶段针对学生的垃圾分类项目教学较缺乏。在实施过程中，需要基于垃圾分类主题教育课程体系科学建设的基础上，分学段设计垃圾分类主题教育的目标，完成课程评价体系，保障主题教育贯穿于日常教学，并在劳动必修课程中有相应的板块设计，确保不同能力等级的学生达成相应的能力水平。

观察发现，目前开展垃圾分类中教学的主要是5—8年级以及高中阶段的相关老师在组织学生开展垃圾分类，其他学段的老师有时候会因为学校安排而开展主题班会课。从整体部门的角度来看，垃圾分类教育还是没有形成整体部门的共识，目前主要是相关教研组的研究推动而开展相关研究。

在运作垃圾分类课程中，我们要使不同类别的学生都掌握垃圾分类相关知识与能力十分的难；目前垃圾分类课程的运作，在组织层面并未有效的规划，主要是课题研究组在操作，至于能否有效推广，需要学校顶层规划。

曾经我们做过垃圾分类相关文化推广的方案，提供给决策者，但是后来上面也没有什么声音，最后这事情就因为各种原因搁浅了。虽然目前教育部门也要求垃圾分类要融入教育系统，可是从教师的角度，我们一线很多时候无法决定我们所研究的成果的推广以及教材的复用率，这需要决策部门的主动规划。

通过研究分析得出以下几点结论：

第一，垃圾分类主题课程背景评价维度上未达到符合的标准（平均分3.58）。学校层面需从课程目标设置、环境基础规划等方面优化。同时加强对教师专业能力的培训，从顶层规划垃圾分类相关劳动教育的组织管理体系。从部门层面把垃圾分类教育列入劳动教育的范畴，组织相关教研组研发部门劳动教育范畴下的课程目标体系，并规划为部门工作目标，列入工作日程，促进方案落地，继而不断的改进垃圾分类主题教育实施效果，促进“垃圾分类”校园文化的生成与创新，发挥“文化育人、劳动育人”的教育功能。

第二，垃圾分类主题教育课程输入评价维度上未达到符合的标准（平均分3.56）。输入性评价是基于背景评价对于目标达成所需要条件、资源、内容等进行评价，也是对各种教育资源进行可行性评价，目的是帮助决策者选择达成目标的最佳手段。调查研究发现，学校层面需要在专业教师队伍上加强培训，同时优化实施路径，比如规划好主题班会活动；同时整合社区资源，拓宽课程资源。

第三，垃圾分类主题教育课程实施过程评价维度上未达到符合的标准（平均分3.94）。研究发现在过程评级指标上，学校需要拓宽不同学段的垃圾分类主题教育实施，而不只是局限在相关课题研究小组所在班级，影响实施过程的主要因素是教师的专业成长，因此从过程评价来看，学校层面也需要加强教师专业培训，规划“专任老师、协同学科教师”对垃圾分类教育的共识性认知，同时规划全部门甚至全校性的垃圾分类主题教育活动，优化垃圾分类教育在校园实施的路径，真正地促进垃圾分类教育进入教育系统。

第四，垃圾分类主题教育课程成果评价维度上未达到符合标准（平均分3.65）。学校需要优化背景、输入、实施过程等环节，确保生成有影响力、可持续可推广的课程建设成果；由于培智学生个体能力差异较大，因此我们在开展垃圾分类主题教育时需要关注个别化，关注不同学段学生的目标设置，从而保证在学生垃圾分类课程中目标达成以及成长体验的获得；学校以及部门层面需要从顶层思考成果目标确定，继续优化影响“成果指标”的背景、输入以及过程性评价指标的相关因素。

（本部分供稿人胡永清、吴玉竹，引用时有删改）

七、陶艺在听障劳技教学中的实践探索

陶艺融合了绘画、雕刻、书法、文学、历史、新材料技术等学科，是一门富有创意的综合劳动实践课程，它从传统文化的视角切入，强调学习活动的综合性和实践性，融合现代课程理念和教学方法，可以增强学生的劳动意识和劳动素养，提升学生审美能力和审美意识。湛江市特殊教育学校从2012年开始，在听障七至九年级开展陶艺劳技课程教学。

听障学生由于听觉缺失,无法用语言交流，观察事物主要依靠视觉。

他们在与人交往中存在诸多障碍，并因此产生较多的心理问题，如自卑、缺乏耐心、易冲动、注意力不集中等等，这给他们的学习和生活造成不利影响。但听障学生同时具有敏感，观察敏锐，可“以目代耳”，这对于他们学习绘画、手工、陶艺等有利。湛江市特殊教育学校的毕业生参加高考，一半选考美术，一半选考计算机，这些都是可以发挥学生视觉特长的科目。听障生通过陶艺学习，可以提高他们爱国主义精神、协作精神、审美能力和创新能力等。

第一，在陶艺教学中培养听障学生的爱国精神。陶艺在我国有着非常悠久的历史，介绍中国陶艺的历史，不仅可以拓宽学生的知识面，提高学习兴趣，还可以使学生增强民族自尊心和自信心，激发爱国热情。

第二，在陶艺教学中培养听障学生的协作精神。教师在进行陶艺培训教学中应当有意识地采用小组合作的教学模式，布置较复杂的操作内容，让听障学生小组讨论、共同操作解决问题，提高学生运用技能解决问题的能力。

第三，在陶艺教学中培养听障学生的创新能力。在陶艺的制作过程中创新尤为重要，教师不仅要教会学生基本的制作方法，更重要的是要让学生能够独立创造。如在学生学会基本的操作方法后，教师可以设置一个综合任务，留给学生广阔的创作空间，由学生选择形状、颜色、制作方法等，从而创作出彰显个性的作品。

第四，在陶艺教学中培养听障学生的意志和毅力。陶艺教学的特点之一是需要高度的动手能力，教师要引导学生采用捏塑、雕刻、泥条盘筑、泥片成型、印坯等手工方法造型，待陶瓷素坯干燥后，再开展颜色釉装饰、彩绘装饰或雕刻装饰。陶艺制作的系统性特别强，一环紧扣一环，只要有一环脱节，就难以继续下去，这给学习陶艺造成一定困难。这些特点决定了学习陶艺必须坚持不懈、刻苦努力。因此，在教学中，在教听障学生制作作品的同时，要让听障学生懂得，学习陶艺不仅需要认真落实、精益求精的学风，还需要坚强的意志和毅力。

（本部分供稿人陶婧，引用时有删改）

八、培智生垃圾分类主题教育家校社协同路径研究

笔者以行动研究的范式，主要选择湛江市特殊教育学校培智部4—7年级以及高中阶段的培智生为样本，探索在劳动教育视域下培智生“垃圾分类”主题教育的“家校社”协同实践路径，其研究结果可为相关部门及学校制定相关政策做参考。

第一阶段：理论框架建构。2018年1—12月，通过查阅相关文献资料了解垃圾分类相关知识、理论、政策，依据培智教育新课标并结合培智生的特点建构劳动教育视域下“垃圾分类”主题教育方案。

第二阶段：实践探索。2019年3—12月，主要是根据确定的行动方案加以实践验证，发现问题，调整方案，再实践，在不断实践与反思的过程中，优化实践路径。

第三阶段：提炼总结。2020年6—10月，在前阶段探索优化的基础上，总结提炼出实践路径。

通过行动研究的历程，本研究从“学科+、家校协同联动、资源整合”的角度，思考提炼出在劳动教育视域下培智生“垃圾分类”主题教育的研究路径。

第一，围绕“垃圾分类”主题统筹各学科教学目标。

除了在劳动必修课程劳动技能学科中，有效融入“垃圾分类”主题教育外，我们也注重在其他学科中有机渗透“垃圾分类”主题教育，并因应“劳动教育总目标”，如表2，实践中围绕“垃圾分类”开展主题教学，统整各学科教学目标，制定主题单元设计方案。

第二，家校合作促进学生学会“垃圾分类”。

为了促进家长有效参与学校垃圾分类教育，我们在课程设置上，精心设计了“垃圾分类”家庭作业。如制作垃圾分类知识宣传小视频，让家长与孩子一起观看。为家长及学生分享“四分法”；编写“垃圾分类歌”，让家长在家辅导孩子诵读，强化四类垃圾的分类方法；引导家长在家（公

园）训练孩子对可回收物的认识，从而起到引导强化孩子正确分类整理的行为；布置亲子活动作业，如利用矿泉水瓶制作花瓶、笔筒、神奇的泡泡等，让家长在活动作业认识到“垃圾是放错位置的资源”可变废为宝，重复使用。

通过班级回收资源大比拼活动，增加了家长参与学校教育的积极性，同时为了增进家长了解学校垃圾分类教育工作，我们设计“垃圾分类大课堂活动”，9—11月主题分别为“垃圾分类知多少、塑料垃圾的危害、垃圾知识竞赛及分类歌朗诵”，通过游戏、讲座等方式让家长更加深入地了解“垃圾分类相关知识及重要性”。通过开展主题活动，学生家长对“垃圾分类”的概念有了更深层次的了解，生态环境保护的理念深入人心。

第三，整合学校与社区资源，开展“垃圾分类”综合实践活动。

教培智生学会垃圾分类，我们在学校教育中要更多地采用生活化、生态化教育情景，再现和学生日常生活相类似的“生态场域”，从而减少学生将学校所学知识迁移到现实生活中的难度。我们要充分利用学校这个“小社会”所具有的各类与垃圾分类相关的环境中的生态化资源，开展生活化、活动化的教学，如：有效利用学校已有的四色分类系统，引导学生在实际的生态场域中学习分类垃圾，模仿生活中丢垃圾的行为。

“学校即社会，社会即学校”，在充分利用学校生态资源的基础上，有效整合社区资源，使我们的教育活动切实延伸到社区，从而形成“垃圾分类主题教育”从“课堂教学、校内实践活动、到家庭与社区课程实践活动”“教学做合一”的一体化课程运作体系，让中、重度智障儿童逐渐走出家庭、进入学校、社区，参与社区活动，这不仅是智障儿童自身发展的需求，也是构建和谐社会的充分条件之一。在日常教学过程中，为使学生在课堂以及校园环境学习到垃圾分类技能延伸到社区环境中，我们针对培智高年级学生设计了“回收、分类整理、变卖”的实践课程。利用学校附近的废品回收站开展“卖纸皮”的社会实践活动，让他们在“回收、分类整理、变卖”的过程中得到真实的体验，这不仅提高孩子的动手能力，让他们将所学的知识与技能在社区中得到迁移与强化，还激发了孩子与正常人沟通表达的能力，增强社会适应能力，为以后更好地融入社会生活奠定坚实基础。

研究发现，劳动教育视域下培智生垃圾分类主题教育“家校社”协同实践可遵循以下三条路径，从而保证以“垃圾分类”为主题的劳动教育贯穿“学校、家庭、社会”三方力量，促进“协同育人”效应发生。

第一，适应培智生心智特点与劳动教育总目标，围绕“垃圾分类”统整各学科目标，有效开展“垃圾分类”主题教育。

第二，给学生布置“垃圾分类”家庭作业，通过垃圾分类大课堂，增加对家长的培训指导，引导家长参与学校教育，形成家校合力、协同育人的机制。

第三，整合学校、社区资源，以生活化的活动为载体，组织学生参与“垃圾分类”实践活动，形成“课堂教学、校园实践活动到社区实践活动”的“教学做”合一的一体化“垃圾分类主题课程运作模式”。

（本部分供稿人胡永清、陈德江、洪婷，引用时有删改）

九、听障小学生劳动习惯养成教育实践探索

中小学的劳动教育要把劳动和教育结合起来，遵循儿童的年龄特点，在小学特别是特殊教育的小学，首先应锻炼学生的生活劳动、自我服务劳动，将劳动与习惯养成教育统整起来，在培养学生生活技能的同时，促进学生体力、智力、创新精神与实践能力的协调发展。

特殊学校中道德教育质量因多种原因参差不齐，开展劳动习惯养成教育具有迫切性和重要的意义。首先，正确的劳动习惯养成教育有利于特殊学校矫正听障学生的各种不良行为习惯与缺陷；其次，通过适当强度的劳动训练能够帮助听力障碍的小学生建立自尊自信，在生活及学习上能够自食其力；最后，社会发展对公民素质要求日渐提升，听障学生尽管属于弱势群体，但基于构建和谐社会的要求，其道德素质及个体修养也需同步提

升，对他们的劳动习惯养成教育有助于他们回归社会。因此，特殊学校需将劳动习惯养成教育列为听障小学生的重点教学内容之一。

特殊学校听障小学生劳动习惯养成教育具体实践如下：

第一，从细小事务抓起。

劳动教育的目标是育人，劳动习惯养成是劳动教育的素养之一。特殊学校在劳动习惯养成教育落实环节应着重于从学生的日常生活细节中有机渗透。因此，教师需在日常生活中从点滴小事抓起，使特殊学校听障小学生群体能够对劳动产生强烈兴趣，养成良好的劳动服务意识。基于此，首先要求教师严格规范自身行为，主动参与各项劳动活动，并通过丰富的易感知的体验让听障学生群体能够真正明确劳动的意义，产生乐于劳动的积极心理倾向，在劳动中养成习惯。教师可经常性地组织各种活动，激发学生的劳动兴趣。例如，在引导学生学会自己清洗内衣、袜子等物品时，教师可选择两条图案相似但一条干净、一条较脏的手帕让学生自行选择使用，这一活动过程能够让听障学生理解物品干净的重要性，并且能够激发其清洗衣物的热情，学生经常自行清洗手帕或内衣等物件，久之则会自然地养成劳动习惯。又如，对年级较高的学生，教师则可组织野炊活动，要求学生自己做菜、做饭，并互相评比各自所做饭菜的味道，使其能够在劳动中获得成就感。在引导学生劳动时教师要做到严爱并济，训练学生自主劳动时应严格要求，但同时需让其感受到来自教师的关爱。因为听障小学生自身心理极为敏感，容易产生自卑等情绪，所以教师需细心关注学生，洞察学生内心情绪波动，呵护学生的自尊心，对积极参与劳动的行为、习惯及时予以鼓励、表扬。此外，对年龄较小的听障学生，特殊学校教师需要创造条件，让学生的劳动习惯在日常生活、学习情境中得以潜移默化地养成。

第二，探索劳动习惯养成教育的创新策略。

因为听障学生生理特点的特殊性，家长大都对其疏于管教，或有部分家长在行为习惯养成教育方面有心却无力，听障小学生在入学前所能够接受的习惯养成教育都极为零碎甚至是负面的。从学校教学内容来讲，《中小学生守则》以及地方教育主管部门和学校制定的《小学生日常行为规范》都是对其开展行为教育的重要素材，但因该阶段学生年龄及生理特点导致其注意力难以集中，因此教师可利用视频演示或图片展示等方法，将文本性知识转化为极易理解的“可视语言”。例如，教师可利用晨会或班会，通过情境构建将日常生活、行为习惯与劳动教育教学相结合，让学生可以自主对比、评价各种劳动行为与习惯；教师也可民主选拔班级干部，让班级干部带领班级学生参与班级自主管理，在该过程中帮助听障小学生培养发现问题并解决问题的能力，及时改正各种不良劳动习惯；营造班级文化氛围，充分利用黑板报、劳动宣传园地，将其打造为行为习惯育人阵地，营造良好的劳动教育班风；设立明确的奖励制度，对劳动习惯养成表现较为优异的学生可适当进行精神和物质奖励，强化其荣誉感，有效树立特殊学生群体行为养成的示范。教师还需注意劳动习惯养成教育实施环节中批评教育的方式与态度，主要是因为听力障碍学生所能够看到的仅是事物表象，对事物的评价也仅能依托于视觉、触觉，缺少听觉的支持，常常知道自身行为不对，但不知具体原因，所以教师需将更多具有代表性的行为事件带入课堂，以弥补听力障碍学生在信息收集、获取、分析方面的不足。

第三，完善家校共育机制。

听障学生劳动习惯的养成并非一蹴而就，需要师生的日积月累方可持续实现。特殊学校所面对的学生群体较为特殊，除了学校重视加强劳动习惯养成教育外，也需家庭及社会支持，形成家校社协同育人。对于听障学生来说，开展家庭劳动教育尤为重要，家庭的劳动习惯养成教育是听障学生个体素质成长及劳动习惯养成的基础，父母的言行是儿童教育的最好的启蒙，因此家长需要懂得以身作则、潜移默化、榜样示范。心理实验表明，人与人之间的关系越亲密，个体情感的传染力就越强，所能起到的感化作用也就更为突出，由此可见家庭劳动教育启蒙对听障儿童劳动习惯养成有重要意义。教师需要引导家长对家庭教育重要性形成正确的认知，利用家长会这一契机传播家庭劳动习惯养成教育的价值、意义及重要性，并借此机会向家长传授劳动教育的科学方法。例如，劳动教育需要从简单事务着手，并进行合理安排，让听障小学生逐步学会穿衣、叠被、物品整理、衣物清洗等各种事务；家长则要做好适时适当的指导、示范、支持和及时鼓励，使听障学生能够正确看待自身劳动成果，感知自己劳动习惯养成的进步，产生心理满足感、成就感和自信心。

综上所述，劳动习惯养成教育应从日常生活和学习着手并长期实践，特殊学校需根据听障小学生生理与心理特点，完善课程、明确职责、改进课堂教学，分析特殊学生学情，创新多样化的教育方式，注重润物无声的行为劳动习惯养成的教育渗透，帮助学生健康成长。

（本部分供稿人李燕，引用时有删改）

附　录
湛江市特殊教育学校劳动教育瞬间记录

图1　爱劳动　（罗予团摄影）

图2　劳动小能手在清理沙井

图3　校长教我们劳动　（罗予团摄影）

图4　学生劳动实践课

图5　校园里收获的香蕉

图6　听障师生参加社区电器维修志愿服务

图7　培智学生参加图书馆志愿服务劳动

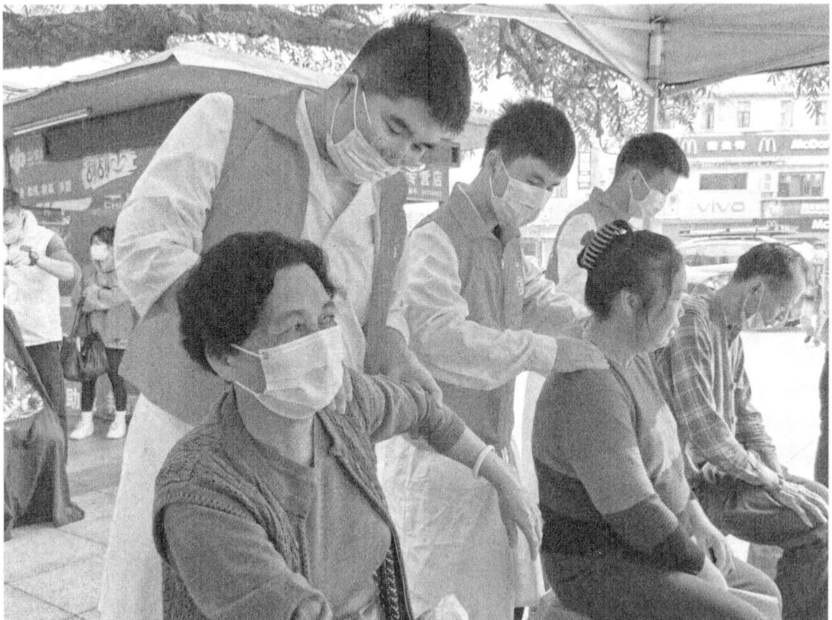

图8　视障学生参加社区志愿服务

图9　听障小学生自我服务劳动竞赛

图10　培智学生清洗电动车实训课

图11　做灯笼庆元宵　（罗予团摄影）

图12　学习布艺　（罗予团摄影）

图13　非遗劳动：听障学生在校内表演人龙舞　（陈浩辉摄影）

图14　我校学生在国际龙舟节表演醒狮和人龙舞

图15　听障学生参加科技劳动实践活动　（学生李秋婷摄影）

图16　摄影兴趣小组活动合影　（罗予团摄影）

图 17　学生中餐、面点成果展示

图 18　做汤圆　庆元宵　（学生刘健摄影）

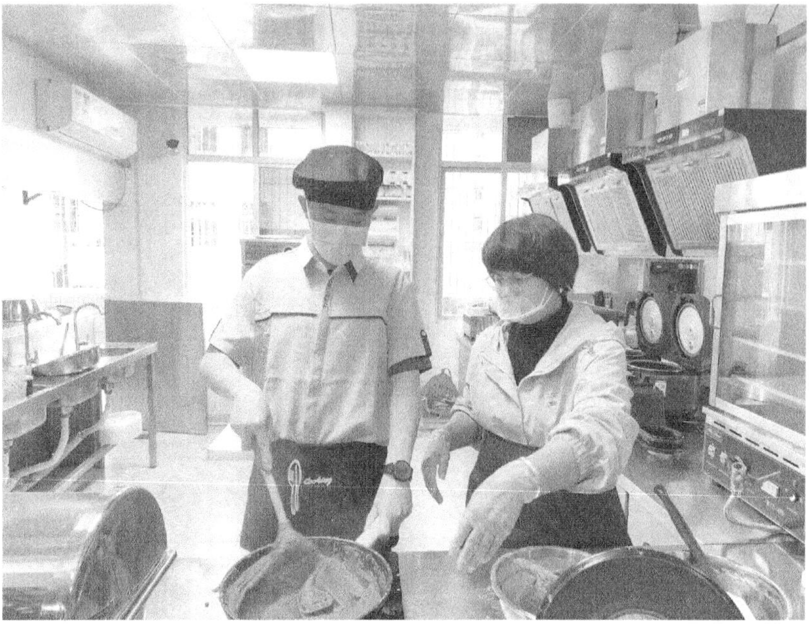

图 19　面点劳技课：制作豆沙馅

图 20　餐厅服务实训课

图21　培智劳动公开课

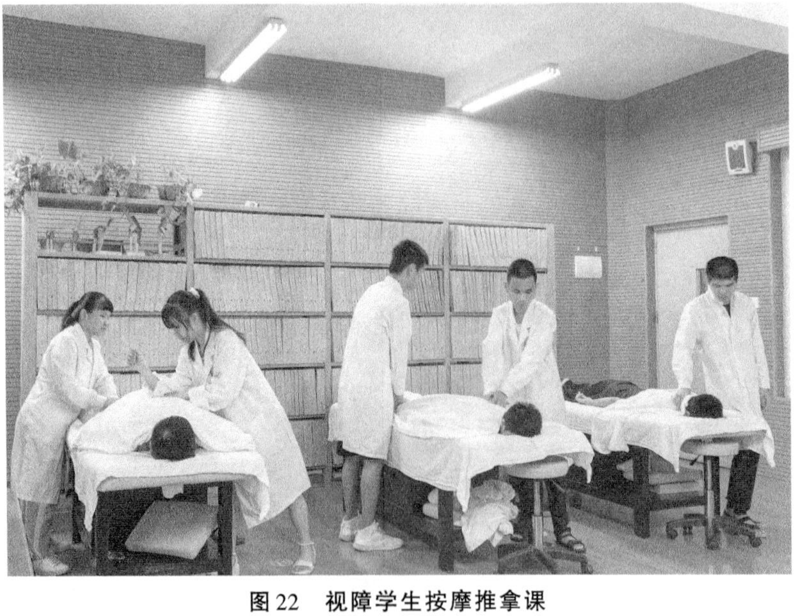

图22　视障学生按摩推拿课

图 23　李璋老师指导培智学生学习雕刻

图 24　林观兰老师指导学生学习书刻

图25　劳动课题开题专家论证会　（罗予团摄影）

图26　林观兰老师主持课题研究会议　（罗予团摄影）

图27　2017年10月，教育部基教司特教处处长黄伟一行莅临我校雕刻坊

图28　吴晓懿教授到我校指导竹对联雕刻

图29　学生参加校外雕刻实训

图30　学生在学习雕刻匾额

图 31　学生雕刻的匾额陈列场景

图 32　学生雕刻匾额陈列广州番禺茂德公草堂

图 33　学生在制作木板壁饰

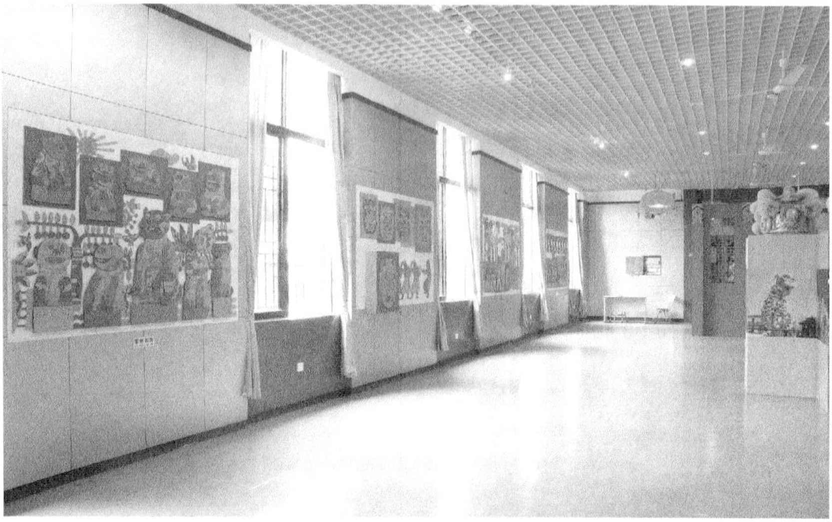

图 34　学生制作的木板饰陈列在湛江市博物馆非遗展览厅

图35　学生给匾额上色

图36　师生作品参展2021广东国际旅游产业博览会场景

图37　师生作品参展第十五届中国（深圳）国际文化产业博览交易会场景之一

图38　师生作品参展第十五届中国（深圳）国际文化产业博览交易会场景之二

图39 师生参展第十一届海峡两岸（厦门）文化产业博览交易会

图40 师生参展第十二届海峡两岸（厦门）文化产业博览交易会

后 记

《劳动创造美好生活——以湛江市特殊教育学校劳动课程创新为例》是广东省教育科学“十三五”规划2020年度研究项目（德育专项）“特殊教育学校劳动教育课程建设与实践研究——以湛江市特殊教育学校为例”（项目编号：2020JKDY129）、2021年度湛江市中小学德育课题“培智学生家政课程家校协同的实践研究”（课题批准号：ZJDYKT202156）的研究成果。“2022年度广东省中小学教师校本研修示范学校项目”（课题编号2022XBYX149，主持人：黄岱）、“广东省内涵建设‘特殊学生语言康复与发展’项目”阶段成果。

2021年至2022年，我主持的广东省教育科学“十三五”规划2020年度研究项目（德育专项）“特殊教育学校劳动教育课程建设与实践研究——以湛江市特殊教育学校为例”和2021年度湛江市中小学德育课题“培智学生家政课程家校协同的实践研究”相继通过了立项，作为主持人，我感到非常开心。在兴奋的同时，也深感压力山大。虽然我有30多年的劳动教育课程教学实践经验，但对于劳动教育课程理论、课程体系构建等都较为欠缺，我将面对的是前所未有的挑战。

在课题开展的过程中，我带着成员从细化研究分工、明确研究目标、组建研发团队到开展课程实践和研讨活动等，将课题研究与学校劳动教育课程、劳动教育主题实践活动、传统节日活动等日常教育教学有机融合。

从2021年至今，我们积极挖掘校内劳动教育资源，丰富劳动主题实践活动形式，完善学校劳动课程方案，分年度重新制定了劳动教育计划，从2021年3月起，把校园公共地区保洁服务安排给住宿学生。课题组成员黄岱校长每周四上午亲自给学生们上校园劳动课。黄飘平、吴晓云老师做了大量工作。

从2021年4月1日起，我坚持每天早上与听障、视障部的学生一起开展晨扫课程实践，并结合垃圾分类、节约水电、节约粮食、爱护公物、卫生防疫以及创文巩卫等要求进行实地教育教学，极大增强了学生的劳动意识，帮助学生养成良好的劳动习惯和劳动品质，提高了学生的劳动能力，有效创设了热爱劳动、辛勤劳动和我劳动我快乐的良好氛围。

据后勤部门不完全统计，近两年，因为学生参与校园保洁，单外包清洁服务费就节省了十多万元，老师们带着学生开展后勤项目劳动实践，节省花草种植、搬迁等各类费用数万元，因为学生参加校园常态化劳动实践，懂得了珍惜劳动成果，校园因破坏而产生的维修费用减少了90%以上。这是劳动直接带来的经济效益。

有十多个脑瘫孩子，入学时双脚走路不稳，因坚持日常晨晚扫劳动实践，现在已基本能直立自如行走，给家长莫大惊喜。很多智力、能力低下的学生，文化课学习非常困难，但他们四肢是健全的，他们在劳动中发掘了潜能，劳动技能为了他们的特长，劳动让他们快乐并有获得感，让他们遇见了更好的自己，劳动创造了美好生活。这是劳动直接带来的社会效益。这种效益，更令人欣喜！

课题研究要学习与实干相结合。视野不广，理论不强，我们只有不断地学习、实践、再学习、再实践。经过近两年的实践研究，课题研究收获不少成果，部分成果被我们采纳，收进本书中。我们也从开始对劳动教育课程建设的困惑、到初步进行课程体系建构、再到促进劳动教育与学科融合，实现劳动康复与劳动教育课程育人目标，过程曲折，前途光明。

“事非经过不知难。”对于课题研究，我们在学习和实践路上一路前行，实践不少，收获不少。但当我们要把研究记录的所思、所想、所为总结凝练成一本“专著”的时候，挑战真的不小。从最初的构思到框架建构，前后耗时一年多，中途因为畏难而想过放弃或者延期结题。每当有不良情绪产生的时候，耳边总回响着母亲小时候对我的鼓励语："关关难过关关过。"其间，幸得老同学陈彩燕教授两次回湛江给予指导与鼓励，得到劳动课题组成员、劳动课程研发团队成员等同仁大力支持并积极提供素材、稿件。课题主要成员洪婷主任、胡永清老师协助开展了大量的组织、实践工作，陈琴老师带领培智课程团队做了大量工作，牵头拟定培智1—3年级劳动技能课程教学计划。李燕老师主动承担聋小学生劳动育人实践探索，黄宝漫老师开展盲生家校协同劳动教育实践。罗予团副主任积极创造条件，带领摄影兴趣小组师生开展摄影活动，对聋生德育渗透的实践研究，并组织学生作品参加国家及省市级摄影竞赛，屡获大奖。本书材料整理、校对工作由课题组成员洪婷、胡永清和工作室的两位助手黄飘平、吴晓云以及覃雅完成。"众人拾柴火焰高。"可以说，这本书既是课题的研究成果，又是集体智慧的结晶。

本书得以成书和付印，得到了我校爱心教师、华南师范大学国际文化学院教授、清华大学美术学院中国艺术理论研究所研究员、中国书法家协会"翰墨薪传"工程专家吴晓懿教授的热心帮助，得到了安徽师范大学出版社编辑的悉心指导和鼎力相助，得到"2022年度广东省中小学教师校本研修示范学校项目"（课题编号2022XBYX149，主持人：黄岱）和"广东省内涵建设'特殊学生语言康复与发展'项目"、湛江市林观兰名师工作室等专项资金的资助。在此表示由衷感谢！也感谢我的家人一路默默奉献、深深理解和全力支持！

最后，在写作中搜集和查阅了大量的资料文献，一般在篇末注明出处，有的出处现已无法查明，在此对所有文献的原作者或提供者深表感谢！限于笔者时间有限、精力有限，学识水平亦有限，本书中不足之处在所难免。欢迎读者批评指正，以便以后修订完善。

林观兰

二〇二二年十月于湛江